POLITIQUE
MACRO (N) ÉCONOMIQUE

POLITIQUE
MACRO (N) ÉCONOMIQUE

politiquement incorrect

Jean Bayard

Autoédition

ISBN 978-1975989064

SOMMAIRE

PRÉAMBULE

Tous les augures nous l'annoncent : Le modèle issu du passé n'est plus du tout adapté à un monde en pleine mutation. On ne cesse de nous dire qu'il faut changer de logiciel, mais on ne nous dit pas vraiment lequel choisir si tant est qu'il en existe un ou plusieurs.

Dans les pays occidentaux, le chômage est devenu un véritable fléau. Il alimente la misère et la pauvreté dans des conditions qui rappellent celles du dix-neuvième siècle avec une différence essentielle, c'est que le progrès jette une lumière vive sur la disparité des uns et des autres et éclaire crûment l'écart phénoménal entre les riches qui sont de plus en plus riches et les classes moyennes et les pauvres qui s'appauvrissent de plus en plus.

On ne peut pas ouvrir un journal d'information sans entendre parler de la montée des risques "populistes", mais néanmoins d'origine démocratique. Le Brexit en Angleterre, la victoire de Donald Trump aux USA, le rejet par référendum en Italie de la politique de Mateo Renzi. Le populisme ne menace plus ceux qui détiennent le pouvoir et - bien sûr - qui ne veulent pas le lâcher. Ils sont au premier chef responsables de la situation actuelle - puisque ce sont eux qui l'ont créée - et de la défiance des peuples à leur endroit.

Nos dirigeants, qui ne dirigent rien du tout, mise à part leur carrière, ont abandonné depuis longtemps le pays à la loi des *marchés*. Le mercantilisme est partout à l'honneur et la devise des marchands est de faire du "fric" à tout prix avec tous les dégâts de plus en plus visibles qui en résultent.

Dans les sociétés primitives, la tribu sous la conduite de son chef organisait le travail de chacun dans l'intérêt commun.

L'introduction de la monnaie dans la vie économique nous a fait perdre de vue cette notion élémentaire de la vie en société.

La monnaie fait le bonheur des uns et le malheur des autres, car la répartition des revenus obéit à la loi du plus fort dans la jungle des affaires.

Il est du devoir de nos gouvernants d'organiser la vie en société, d'abord pour que chacun ait un travail, puis pour assurer le bien-être de tous. Le drame est précisément l'absence de leaders qui feraient passer l'intérêt du peuple avant le leur et avant les combines scandaleuses dictées par leur cupidité à toucher les pots-de-vin distribués au plus haut niveau par les lobbies richissimes.

Comme Il n'y a pas de bon remède sans un bon diagnostic, nous allons nous attacher à examiner les principaux facteurs qui bloquent la machine économique avant de proposer des solutions.

Les facteurs de blocage nous semblent être les suivants :

> 1 - la mondialisation - *que l'on nous a vendue prétendument heureuse* - est la première source de chômage, parce que les producteurs et les intermédiaires navigant d'un pays à l'autre y trouvent là les moyens humains de production à faible coût et à profit maximum,

> 2 - la mécanisation, la robotisation et aujourd'hui la montée en puissance de l'intelligence artificielle représentent la seconde source de chômage,

3 - l'incapacité de nos gouvernants à organiser l'activité de production et la répartition des revenus pour le bien commun,

4 - la crise financière de 2007/2008 qui a ébranlé l'ensemble du secteur bancaire et par voie de conséquence le financement de l'économie (activités publiques et privées),

5 - enfin les dogmes monétaires et économiques d'un autre âge ancrés dans les esprits qui empêchent de nous adapter à l'évolution rapide des événements.

Sous le titre "L'ambivalence des transitions" le 30 décembre 2016, François Leclerc pose de bonnes questions :

Quels sont les mécanismes producteurs des inégalités, comment en stopper la progression, puis les réduire, quand la baisse des recettes publiques et du rôle de l'État restent au centre des politiques ? Quels leviers pourraient permettre de corriger cette mauvaise allocation de la distribution de la richesse ?

Sans prétention aucune, l'auteur de cet ouvrage pense connaître quelques réponses à apporter.

Mais avant tout :

Il est vital que la démocratie puisse s'exercer librement dans notre pays. Il est tout aussi vital que nos dirigeants reprennent le pouvoir qu'ils ont cédé contre l'avis du peuple en signant le traité de Maastricht. Il est vital enfin que l'on reprenne à la BCE le pouvoir monétaire et à la Commission bruxelloise le pouvoir de diriger librement notre pays. Nos dirigeants n'ont de comptes à rendre qu'au peuple français, certainement pas à la BCE, encore moins à Bruxelles.

Nous proposons une réforme du système monétaire basé sur la séparation des activités de dépôt et des activités d'affaires et spéculatives des banques. Cette réforme s'inspire de l'initiative suisse appelée "Monnaie pleine".

Par ailleurs, nous exposons une loi macroéconomique qui commande l'allure de marche de toute activité nationale, **donc la croissance**.

Elle démontre avec précision que la sphère de l'activité de production connaît l'expansion ou la récession selon qu'elle est alimentée plus ou moins en monnaie, car dans la dynamique économique l'épargne joue le rôle du frein et le crédit celui de l'accélérateur. La précision dépend de la mesure de ces deux facteurs et ils sont mesurables.

Dans tous les cas, le gouvernement peut et doit reprendre le contrôle de la Banque de France.

Dans le titre de l'ouvrage, la lettre (n) a été glissée entre macro *et* économique afin d'attirer l'attention de notre Président sur les nombreuses solutions alternatives dont il pourrait disposer :

- s'il avait la volonté de lutter contre l'influence grandissante du capitalisme qui nous prive des moyens nécessaires au redressement de l'économie de notre pays,

- s'il cherchait à améliorer le pouvoir d'achat des masses laborieuses (relance par la demande),

- s'il voulait bien faire l'honneur d'examiner attentivement les solutions proposées ici-même en vue de réduire le chômage et la pauvreté qui s'étendent inexorablement.

S'il est vrai que les passages techniques peuvent rendre difficile la lecture de l'ouvrage, c'est nous semble-t-il le seul moyen d'ébranler le **SYSTEME** qui tient surtout par le verbe.

Il n'est de fatalité que de phénomènes naturels, pas d'événements qui sont le fruit de l'organisation humaine.

A - L'ACTIVITE NATIONALE OU ÉCONOMIQUE DE PRODUCTION

Il nous semble utile de commencer par l'activité nationale de production puisque c'est elle qui est au cœur des intérêts de chacun des 3 acteurs (ou agents économiques) que sont l'entreprise - l'Etat y compris -, les ménages et l'étranger. Nous traitons ici l'Etat comme une entreprise puisqu'il emploie des salariés et vend des services, même si c'est à un prix imposé.

L'activité économique est la mise en œuvre de ce qui constitue ses deux ressources fondamentales : hommes et matières (au sens large du terme), dans le but essentiel de satisfaire les besoins de toute population. Elle a pour moteur les deux fonctions naturelles de l'homme qui occupent tout l'univers économique:

- la fonction de production,

- la fonction de consommation.

La production est l'expression économique de la mise en œuvre de ces deux ressources, tandis que la consommation est l'expression économique de la satisfaction des besoins de toute population. Et, elle a pour carburant (si l'on peut dire) la monnaie, car depuis l'abandon du troc la monnaie est devenue la courroie de transmission des échanges sans lesquels il n'y a, à proprement parler, ni production ni consommation. C'est la troisième ressource, et on verra qu'elle imprime à l'univers économique son mouvement.

L'objet même de l'activité économique est l'utilisation rationnelle de ces trois éléments fondamentaux : hommes, matières, monnaie.

Le degré d'élaboration des connaissances et de la formation humaines ainsi que celui du développement des techniques de transformation des matières à mettre en œuvre, nous donnent la mesure de la satisfaction possible des besoins. Aussi, en nous basant sur l'essor actuel des connaissances humaines et sur la maîtrise des techniques de production, il n'existe en théorie aucune autre limite à la satisfaction des besoins des populations (et a fortiori de celles des pays dits riches et développés dans lesquels elles s'exercent), que celle que constitue l'épuisement de ces ressources.

Enfin, la quantité de monnaie nécessaire aux échanges doit en permettre l'accomplissement. Il s'agit là d'une ressource inépuisable, principalement abstraite, que les seules restrictions auxquelles elle se trouve soumise à l'heure actuelle sont celles qui lui sont arbitrairement fixées par les autorités monétaires.

Que les ressources en hommes et en matières soient insuffisantes ou abondantes, l'émission monétaire doit être mesurée afin que tous les échanges que ces ressources supposent soient réalisés.

Ainsi, une économie en bonne santé est l'économie d'un pays qui sait gérer la pénurie de ses ressources.

Le sens véritable de la science économique se situe donc dans la perspective du bien-être de tous les individus. Nul ne doit rester sur le bord de la route puisqu'il fait partie intégrante de la société. Ce n'est pas seulement un devoir de solidarité, c'est aussi un devoir d'intérêt général. On a besoin de toutes les énergies humaines, non seulement pour combler les besoins de tous, mais aussi pour accéder au progrès des connaissances et assurer la pérennité de l'humanité.

Voici pour la théorie.

En pratique, les événements et la conjoncture en décident autrement : la croissance tant souhaitée car elle est nécessaire - sans aucun doute, en partie - à la résorption du chômage n'apparaît pas en claquant des doigts. On va voir pourtant que si elle ne se décrète pas elle peut s'organiser.

1 - Une loi macroéconomique pour piloter la croissance

Il est difficile d'admettre que l'activité économique d'un pays puisse s'autoréguler par la seule influence des *marchés* sans lien direct avec la monnaie comme le suggère la théorie de l'équilibre général de Léon Walras (1834-1910) prenant la suite de la loi des débouchés de JB Say (1767-1832).

Ce dogme est néfaste pour l'économie comme n'a pas manqué de le souligner Alain Grandjean dans un article intitulé « En finir avec la loi de Say », publié sur son blog le 8 mars 2017.

Si cette théorie était validée dans les faits, il y a longtemps que l'on ne s'en remettrait pas à l'incantation pour faire de la croissance et organiser ainsi la baisse du chômage. Car, et c'est bien dommage, nos dirigeants sont impuissants devant ce que l'on nomme en désespoir de cause la conjoncture.

Les économistes commencent toutefois à admettre le principe du ralentissement de l'économie dû à l'épargne, mais ils en sont aux premiers balbutiements, car ils ont beaucoup de mal à se défaire d'une autre théorie, celle de l'égalité de l'épargne et de l'investissement.

Cette théorie que l'on doit à Keynes (1883-1946) s'appuie sur les équations comptables suivantes :

$$C + I = X \qquad C + S = Y \qquad X = Y$$

d'où :

$$I = S$$

Sachant d'une part que X représente le produit national, Y le revenu national et C la consommation, et convenant d'autre part que le produit national et le revenu national sont identiques, il s'ensuit que l'investissement **I** est égal à l'épargne **S** ("saving").

Cette expression mathématique est à la fois trop simple et insuffisante pour en déduire que l'épargne finance l'investissement, car d'abord elle mêle deux grandeurs de nature différente : l'épargne (grandeur monétaire) et l'investissement (grandeur économique) et elle fait l'impasse sur le crédit (autre grandeur monétaire) qui finance **indéniablement** une large part de l'investissement.

Il faut ajouter qu'à l'époque de Keynes on ne connaissait pas encore l'essor de la monnaie scripturale par simple écriture comptable.

On en était encore à l'étalon-or - c'est-à-dire à l'époque où l'émission de monnaie avait pour contrepartie une garantie d'échange en or - qui a vécu des fortunes diverses jusqu'en 1944, signature des accords de Bretton Woods.

Wikipedia nous dit à propos de ces accords signés en 1944 :

> *Les deux protagonistes principaux de cette conférence ont été John Maynard Keynes, qui dirigeait la délégation britannique, et Harry Dexter White, assistant au secrétaire au Trésor des États-Unis, qui avaient tous deux préparé un plan d'ensemble.*

Par ailleurs, ainsi que nous pourrons le vérifier plus loin dans la partie réservée à la monnaie (B3), l'épargne bancaire est une épargne morte, car **elle ne quitte pas la banque** contrairement à des convictions solidement ancrées dans les esprits. Elle ne peut donc pas servir à quelque investissement que ce soit.

Pourtant en vertu de cette égalité, admise aux quatre coins du monde, on favorise l'épargne que l'on suppose être employée à l'investissement comme dans une sorte de cercle vertueux à l'abri de l'inflation monétaire. C'est pourquoi elle est encouragée.

Fruit des travaux de recherche de l'auteur de l'ouvrage, il existe une loi macroéconomique qui commande l'allure de marche de toute activité nationale, **donc la croissance**.

Elle démontre que la **sphère de l'activité de production** connaît l'expansion ou la récession selon qu'elle est alimentée plus ou moins en monnaie. L'activité nationale fonctionne à peu près comme le moteur d'un engin mécanique. Elle tourne plus ou moins vite selon qu'elle est alimentée plus ou moins en carburant, c'est-à-dire en monnaie.

Il ne semble pas inutile de rappeler que le **PIB** - mesure de la richesse nationale et de la croissance quand elle s'accroit - **est la somme des échanges** pratiqués entre eux par les agents économiques : les entreprises (l'Etat y compris), les ménages et l'étranger. En voici l'égalité :

$$\textbf{PIB} = \text{Consommation (}\textbf{C}\text{)} + \text{Investissement (}\textbf{I}\text{)} +$$
$$\text{Exportation (}\textbf{Ex}\text{)} - \text{Importation (}\textbf{Im}\text{)}$$

$$\text{ou } \textbf{PIB} = \textbf{C} + \textbf{I} + \textbf{Ex} - \textbf{Im}$$

Le PIB est aussi le Revenu National (RN) par égalité, ce que les spécialistes paraissent oublier et c'est pourtant là un point capital. L'un comme l'autre se trouvent réduits par une balance commerciale déficitaire et accrus si elle est bénéficiaire.

Nous y reviendrons longuement au chapitre de la mondialisation, tellement le déséquilibre des échanges extérieurs a de graves conséquences en matière économique et financière.

L'Institut national de la statistique et des études économiques (Insee) procède - pour une période donnée - d'abord à la mesure du PIB en monnaie courante, puis en monnaie constante afin de déterminer les volumes. La différence entre les deux représente l'inflation ou érosion monétaire, c'est pourquoi la croissance du PIB est déterminée (hors inflation) en volume. Il convient de noter que l'Insee nous communique régulièrement l'indice des prix à la consommation harmonisé (IPCH) qui ne concerne - comme il le précise - que la consommation, donc pas le PIB.

L'activité économique a une double face, celle de la production et celle des revenus. L'une ne va pas sans l'autre : la production est vendue et a pour contrepartie les revenus c'est-à-dire la rémunération des salariés et celle des entreprises. On peut en déduire facilement que ce sont les revenus qui font la production, sachant qu'il faut "vendre" les produits de consommation et d'investissement ainsi que les produits à exporter pour faire des affaires. D'où la dynamique du pouvoir d'achat dans un système à trois vitesses : la consommation, l'investissement et les échanges extérieurs.

Nombreux sont les économistes qui pensent que le PIB doit augmenter si l'on veut résorber le chômage, c'est la raison pour laquelle on attache tant de prix à la croissance, sous-entendu du PIB.

Mais alors, comment expliquer le passage d'un PIB à l'autre, c'est-à-dire d'une période **n** à **n1** ? Il ne devrait y avoir aucun mystère puisque il s'agit de calcul mathématique.

Partons de l'expression suivante (en monnaie courante) :

$$PIB = C + I + Ex - Im = RN$$

Généralement chaque mois, les salariés perçoivent leur salaire, *et chaque mois suivant ils épargnent, ils empruntent et ils consomment.* Les mouvements bancaires, à cet égard, témoignent de ce rythme perpétuel de l'économie : les comptes bancaires des ménages sont régulièrement approvisionnés en fin de mois, et tout aussi régulièrement "vidés" ou économisés tout au long du mois suivant, alors que simultanément les comptes des entreprises enregistrent les opérations inverses.

Toute la vie économique s'est donc organisée autour d'échéances mensuelles. On peut en conclure que l'activité nationale tout entière bat au rythme des échanges pratiqués, dans les deux sens, entre les entreprises et les ménages, et que leur rotation obéit à une révolution d'ordre monétaire dont la durée du cycle est voisine d'un mois dans les pays où les salariés reçoivent leur paie chaque mois. S'ils les percevaient chaque semaine, le cycle serait hebdomadaire.

Pour démarrer l'activité de production, ou ce qui revient au même pour la développer, les entreprises doivent faire l'avance des fonds nécessaires qui vont servir à payer les différentes rémunérations qui reviennent aux ménages pour avoir exercé leur fonction de production (en produits de consommation, dans la construction de logements et dans l'outil de fabrication). Il faut bien alimenter la pompe, c'est l'objet de l'ensemble des fonds de roulement et de ceux destinés à l'investissement de production.

Le processus ne peut donc être ni enclenché, ni développé, sans faire appel à la création monétaire, puisque les circuits ne peuvent pas fonctionner sans être alimentés en monnaie et qu'actuellement il n'existe pas de monnaie hors la création bancaire.

Il en serait tout autrement si l'épargne seule suffisait à alimenter les circuits **dès le départ**, ce qui est impossible puisque l'épargne découle de l'activité nationale.

Se pose alors une question fondamentale sur le fonctionnement de l'activité économique : lorsque les ménages reçoivent de l'activité de production, au terme de chaque période, une quantité donnée de monnaie (leur revenu), comment peuvent-ils remettre au cours de chaque période suivante, une quantité de monnaie réduite (puisque diminuée de l'épargne) dans le processus de production, sans entraîner le ralentissement de celui-ci ?

La réponse à cette question entrouvre la voie de la connaissance et de la maîtrise des phénomènes économiques.

Rappelons d'abord que les ménages et les entreprises empruntent au cours de la période considérée, les premiers pour se loger, s'équiper (mobiliers, installations, matériels divers, automobiles, etc.), les seconds pour investir (biens, équipements et matériels de production, etc.). Dans le même temps, ils doivent rembourser les emprunts antérieurs.

Si nous partons d'une période **n** où nous avons : **PIB = C + I + Ex – Im = RN**, en supposant que les échanges extérieurs sont à l'équilibre (**EX – IM = 0**) :

Les revenus **RN** de la période **n** vont être remis dans les circuits de la production augmentés des crédits (**K**) obtenus tant par les ménages que par les entreprises (l'Etat y compris), sous déduction de leur épargne (**S**) - comprenant l'épargne forcée, c'est-à-dire les remboursement d'emprunts antérieurs - ce qui donnera :

$$\mathbf{PIBn1 = PIB + Kn1 - Sn1}$$

$$\mathbf{= Cn1 + In1 + Exn1 - Imn1 = RNn1}$$

Dans ces conditions, si :

Kn1 > Sn1 nous aurons PIBn1 > PIB

ce qui donnera la progression du PIB en monnaie courante.

et inversement, si :

Kn1 < Sn1 nous aurons PIBn1 < PIB

ce qui donnera la régression du PIB en monnaie courante.

Pour des échanges extérieurs équilibrés, les ménages et les entreprises - l'Etat y compris - devront donc recourir à de nouveaux emprunts pour absorber les remboursements d'emprunts antérieurs et l'épargne - l'inflation des prix à la production éliminée - pour dégager de la croissance.

Ces données issues de l'observation se trouvent confirmées par Paul Grignon, canadien, dans son excellent documentaire sur l'argent-dette (2006).

Le principe même de la monnaie-dette, c'est que s'il n'y a plus de dettes alors il n'y a plus de monnaie, et toute l'économie marchande s'arrête. C'est déjà une situation ubuesque.

La conjoncture n'est rien d'autre qu'une économie libérale livrée à l'influence désordonnée, parce que non régulée, des facteurs endogènes opposés que sont **l'épargne et le crédit.** L'épargne dans le rôle du frein et le crédit dans celui de l'accélérateur. **Etant précisé de plus**, qu'une balance extérieure déficitaire amplifie l'effet de frein, tandis qu'au contraire si elle est bénéficiaire elle amplifie l'effet d'accélérateur.

Cet aspect macroéconomique et les effets de frein de l'épargne échappent totalement aux théories actuelles.

Actuellement, en France comme ailleurs certainement, l'endettement public répond sans le savoir à cette exigence d'équilibre de l'activité nationale de production. Nous y reviendrons au chapitre A3 dans sa partie relative à l'investissement public.

Les entreprises n'empruntent que si les affaires marchent. Les ménages s'endettent à la condition que les banques leur prêtent, ce qui devient un obstacle en cas de perte globale de pouvoir d'achat et en période de stagnation ou de récession ; c'est alors qu'on ne prête plus qu'aux riches.

Les banquiers ne veulent pas prendre le risque de défaut de leurs créances sur la clientèle. Il en serait tout autrement si ce risque était couvert par une assurance (voir B4 notre proposition).

Il apparaît ainsi que la croissance dépend en premier lieu de **l'abondance monétaire au sein de la sphère réelle, et** ensuite de **la maîtrise de ses effets sur les prix**, donc sur les revenus.

Le système actuel nous mène lentement mais sûrement à notre perte, avec une accélération due à la crise, car il repose pour fonctionner sur une progression constante du recours au crédit, d'abord pour neutraliser les effets négatifs de l'épargne **bancaire**, épargne morte, ensuite pour rembourser les emprunts antérieurs sans oublier les intérêts de la dette (nourriture du capital).

Ainsi, nous acheminons-nous progressivement vers une économie comparable à celle du Japon d'aujourd'hui anémiée depuis deux décennies malgré sa puissance industrielle.

Rappelons que le Japon a l'un des taux d'épargne parmi les plus forts au monde et ses tentatives de redressement de ses exportations, insuffisantes, se heurtent à une conjoncture mondiale déprimée.

Quant aux USA, ils souffrent de deux maux convergents :

> - une balance extérieure en déficit chronique depuis 1980, facteur de ralentissement de l'activité de production,

> - un fort ralentissement du recours au crédit (consommation, investissement, logement, etc.) depuis la crise des subprimes de 2007.

En Europe, outre les restrictions monétaires exigées, la BCE et l'Union Européenne imposent à nos gouvernants une politique de compétitivité qui ruine nos masses laborieuses par la perte de pouvoir d'achat (baisse des salaires, chômage) qu'elle engendre. C'est le prix qu'a dû payer l'Allemagne pour améliorer sa rentabilité et ses ventes à l'exportation : sa Parité de Pouvoir d'Achat (PPA), meilleure que celle de la France en 2001 (+2%) lui est devenue inférieure (-3,4%) en 2015 (cf. Statistiques OCDE). La croissance de l'Allemagne de ces dernières années est essentiellement due à ses exportations rendues compétitives grâce à des baisses de salaire.

Tous les pays se lancent à l'assaut de parts de marché à l'exportation, favorisés qu'ils sont par le libre-échange aidés en cela par les gouvernants. Mais cette bataille sur les marchés étrangers nous épuise en ce sens qu'elle se livre aussi sur notre territoire. Dans le milieu concurrentiel que nous vivons, la recherche de toujours plus de rendement se fait au détriment de notre population active : chômage et perte de pouvoir d'achat.

Entretenir cette guerre commerciale, c'est entretenir l'illusion d'une victoire définitive impossible. C'est le propre de toutes les guerres et des revanches qu'elles engendrent.

L'objectif devrait être d'équilibrer les échanges commerciaux et de rechercher par des accords commerciaux l'essor de la consommation - premier pilier du PIB - en neutralisant les effets négatifs de l'épargne qui tendent au mieux à la stagnation, au pire à la récession.

On ne peut pas piloter l'économie sans opérer la régulation monétaire de la sphère réelle, ce qui implique une mesure fiable de la masse monétaire - qui n'existe pas - et la maîtrise de l'épargne bancaire.

Observation n° 1

Ainsi, la croissance dépend de la place *aléatoire* qu'occupent le crédit (+) et l'épargne (-) dans le processus de production dans la sphère réelle. Soumise aux aléas de la conjoncture, elle dépend donc de la régulation monétaire que seul l'Etat est en mesure d'opérer. C'est lui qui doit s'endetter, **si besoin est**, afin que la dynamique de l'activité nationale de production (croissance) s'inscrive en hausse. Le retour de la croissance est le premier facteur du reflux du chômage.

Pour répondre à cet impératif de régulation monétaire, l'Etat doit reprendre son autorité sur la Banque de France, ce qui implique une révision des traités de l'Union européenne.

La souveraineté d'un pays ne peut pas se partager sur ce point capital.

2 - Croissance et inflation

Ce chapitre s'attache à démontrer que la croissance de l'activité de production peut se mesurer et que s'il en est ainsi il est possible de la diriger.

La croissance est la différence de volume d'activité existant entre deux périodes consécutives. Elle peut être positive ou négative. La période peut être le mois, le trimestre, le semestre ou l'année. L'activité est représentée par un nombre déterminé de diverses quantités, chacune d'elles à un prix pratiqué pendant la période. D'une période à l'autre, le nombre des diverses quantités et des quantités elles-mêmes varient comme il en est des prix. Pour définir le volume d'activité ou la croissance, des deux variables: quantités et prix, il convient de neutraliser la variable prix, ce qui revient donc à comparer des quantités à des prix constants. Cette définition n'intègre pas les échanges extérieurs pour l'instant.

La croissance est donc la différence existant entre la somme d'une série de quantités recensées au cours d'une période et la somme d'une autre série de quantités recensées au cours de la période précédente, les quantités de l'une et l'autre période étant calculées à des prix communs ou constants.

Si l'on écrit : $\Sigma\,Q^{1p1}$ comme étant l'activité d'une première période, $\Sigma\,Q^{2p2}$ comme étant l'activité de la période suivante, et $\Sigma\,Q^{2p1}$, comme étant l'activité de la seconde période aux prix de la première, la différence de volume ou croissance sera obtenue par l'expression mathématique :

$$\Sigma\,Q^{2p1} - \Sigma\,Q^{1p1}$$

dans laquelle les prix étant constants servent à la mesure des volumes.

Si l'on intègre à présent les échanges extérieurs, il convient de déduire du prix de chacune des quantités recensées la part correspondant au prix (ou prix moyen) du produit importé qui y est incorporée. Si l'on donne le symbole QPi à cette part, la croissance sera obtenue par l'expression suivante :

$$\Sigma\ (Q^{2p1} - Q^{2p}i^1) - \Sigma\ (Q^{1p1} - Q^{1p}i^1)$$

Si l'on donne maintenant M_1 comme étant le produit, exprimé en unités monétaires, de l'activité de la première période soit :

$$\Sigma\ (Q^{1p1} - Q^{1p}i^1) = M_1$$

M_2 comme étant le produit de l'activité de la deuxième période, soit :

$$\Sigma\ (Q^{2p2} - Q^{2p}i^2) = M_2$$

et M'_2 celui de la seconde période aux prix de la première, soit :

$$\Sigma\ (Q^{2p1} - Q^{2p}i^1) = M'_2$$

on peut écrire que la croissance C est égale à :

$$C = M'_2 - M_1$$

et que son taux est égal à :

$$\frac{M'_2 - M_1}{M_1} \times 100$$

De même, on peut écrire que l'inflation I est égale à :

$$I = M_2 - M'_2$$

et que son taux est égal à :

$$\frac{M_2 - M'_2}{M'_2} \times 100$$

Les instituts statistiques ne pratiquent pas autrement quand ils mesurent les taux de croissance et d'inflation de toute économie nationale.

Le produit M_1 de l'activité de la première période correspond à la quantité nette de monnaie qui a servi aux échanges de cette période. De même, le produit M_2 de l'activité de la deuxième période correspond à la quantité nette de monnaie utilisée aux échanges de cette seconde période, alors que le produit M'_2 correspond à la quantité nette de monnaie "déflatée" utilisée aux échanges de la deuxième période.

La différence de monnaie, soit $M_2 - M_1$, qui permet de passer d'une période à l'autre, contient donc la croissance et l'inflation. Trois situations économiques caractéristiques en découlent:

- le cas général où $M_2 > M'_2 > M_1$, traduisant une économie dans laquelle il y a croissance et inflation,

- le cas inverse où $M_2 < M'_2 < M_1$, traduisant une économie dans laquelle il y a récession et déflation, comme les faits observés l'ont jusqu'à présent démontré.

- et le cas théorique où $M'_2 > M_1 > M_2$, qui traduit une économie dans laquelle il y a croissance et déflation.

A l'heure actuelle, la pression du libre-échange sur les prix est telle qu'elle peut fournir la démonstration en grandeur nature de ce dernier cas théorique. L'exemple du Japon est en effet remarquable à cet égard, puisque ce pays connaît alternativement depuis une vingtaine d'années l'une et l'autre de ces 3 situations. Le troisième cas présente une situation extrême pleine de dangers car elle ne peut être obtenue qu'au prix de tensions très fortes entre les agents économiques dans le partage du revenu national.

Quoi qu'il en soit, la croissance correspond en définitive globalement à une variation monétaire corrigée de l'inflation, ce qui prouve bien que la masse monétaire ne circule pas dans la sphère réelle comme on pourrait le croire. La croissance est positive si la quantité nette de monnaie "déflatée" injectée dans la sphère réelle est plus grande au cours d'une période que pendant la précédente, et elle est négative dans le cas contraire.

Les conclusions que l'on vient de tirer corroborent celles qui découlent de la loi macroéconomique exposée au chapitre immédiatement au-dessus. Ainsi donc, l'activité de production d'un pays se finance comme n'importe quelle activité d'entreprise.

3 - Le budget de l'Etat, ses investissements et le déficit public au sens de Maastricht

Les gouvernements successifs ont toujours essayé de résorber le chômage en créant des postes de fonctionnaires, soit au service de l'Etat, soit au service des collectivités locales. Avec un succès tout relatif, il faut bien en convenir. Les limites auxquelles ils se sont tous heurtés sont celles du financement quand il dépasse les limites de taxation supportable par les contribuables. En supposant que l'endettement n'ait plus de limite, on pourrait en conclure que le chômage devrait être résorbé.

Ce n'est pas aussi simple que cela.

La gouvernance ou gestion de l'économie nationale devrait commencer par une tenue ordonnée des comptes de la nation, ce qui n'est pas le cas dans de nombreux secteurs et notamment sociaux.

Prenons à titre d'exemple les comptes de la sécurité sociale et ceux des retraites. Ce n'est un secret pour personne.

Le gouvernement socialiste a inventé en 1999 la couverture maladie universelle (CMU) devenue depuis le 1er janvier 2016 la protection universelle maladie (PUMA) ; c'est plus joli. Que le gouvernement décide d'instituer une mesure sociale généreuse, c'est son droit. Mais que les dépenses correspondantes soient noyées au sein des comptes de la Sécurité Sociale est un amalgame coupable, car il ne veut pas que l'on connaisse le coût de sa décision politique. On ne cesse de chercher à combler le trou de la Sécu qui évidemment prend des proportions hallucinantes puisque l'on manque de cotisations pour y faire face.

Dans la même veine, les gouvernements ont choisi de verser des retraites à des personnes étrangères ou naturalisées qui n'ont jamais cotisé. Les Caisses de retraites sont vidées, l'âge de la retraite doit être repoussé si l'on veut sauver un régime que les gouvernements successifs ont dénaturé par la pratique de l'amalgame.

En cherchant bien, la liste de ce genre de pratique de l'amalgame doit être longue.

Nos gouvernants sont tous les mêmes, ils cherchent à dissimuler leurs manigances. On serait bien étonnés de la charge effective si, par exemple, un compte spécial CMU/PUMA était tenu.

Passons maintenant au budget.

On lui donnera deux définitions distinctes mais voisines :

   - la première celle de budget informel, telle celle que nous donnons à notre budget familial qu'il soit tenu ou non sous forme de comptes (nos dépenses sont très rapidement contraintes si elles dépassent outre mesure nos revenus), telle celle aussi celle d'une part du budget de l'Etat (production marchande par exemple).

Si vous arpentez les tableaux de chiffres publiés par les organismes officiels vous ne trouverez jamais les mêmes chiffres, d'où les batailles à ce propos.

   - la seconde celle de budget formel, telle celle qui a cours dans les entreprises dont on suit scrupuleusement la réalisation (contrôle budgétaire), telle aussi celle de l'Etat soumis au vote du Parlement, à la condition qu'il soit complet ce dont il est permis de douter.

Savez-vous que l'Etat tient toujours ses comptes comme ceux d'un épicier en recettes et dépenses ? De tout temps l'Etat a utilisé sans vergogne les disponibilités de tous les services et institutions publics déposées en compte au Trésor à la Banque de France, y compris donc notamment les cotisations des fonctionnaires à la retraite. Ce qui se trouvera confirmé au chapitre B9 « La dette ». Chacun sait que les compagnies d'assurance placent sur les marchés financiers les cotisations de leurs adhérents afin d'obtenir les meilleures conditions de remboursement lorsqu'elles auront à faire face à leurs obligations. L'Etat, lui, prive ses adhérents de cet avantage puisqu'il *pompe* ces liquidités.

Le budget de l'Etat (formel) est établi par le gouvernement et soumis au vote des parlementaires dans le Projet de Loi de Finances (PLF) pour l'année suivante. Les recettes et les dépenses des collectivités locales ne figurent pas dans ce budget, sauf une prise en charge - qui ne peut être que partielle - sous le nom de « transferts aux collectivités locales » (voir plus bas le petit tableau des dépenses nettes pour l'exercice 2017), ce qui est en contravention avec les textes des traités de l'UE (JO de l'UE C326/279 du 26/12/2012).

Car, voici ce que dit l'article 126 au protocole 12 sur la procédure concernant les déficits excessifs :

> *... on entend par public : ce qui est relatif au gouvernement général, c'est-à-dire les administrations centrales, les autorités régionales ou locales et les fonds de sécurité sociale, à l'exclusion des opérations commerciales, ...*

Cette définition concerne tout autant la dette publique dont la limite est fixée à 60% du PIB.

Ce budget est établi conformément au fameux critère de Maastricht limitant le déficit budgétaire à 3% du PIB. Il est en fait très simple comme le montre le tableau suivant :

<h1 align="center">Solde général du budget de l'Etat</h1>

en milliards d'euros	2012	2013	2014	2015	PLF 2016	PLF 2017
Produit Intérieur Brut	1 869,5	1 954,4	2 040,3	2 097,4	2 118,2	2 287,0
Source : TEE					(révisé)	
Dépenses nettes *	370,7	373,1	374,0	366,7	374,3	381,7
Recettes nettes	282,5	297,7	288,2	294,5	301,7	307,0
Soldes comptes spéciaux	1,0	0,6	0,2	1,6	2,7	5,4
Solde général	-87,2	-74,8	-85,6	-70,6	-69,9	-69,3
Solde général en % du PIB	-4,7	-3,8	-4,2	-3,4	-3,3	-3,0

* Par convention, les prélèvements sur recettes au profit des collectivités et de l'UE sont inclus sur la ligne « Dépenses ».
Source : PLF 2015/16/17 et chiffres clés PLF 2017

Investissement de l'Etat	84,5	84,3	79,4	75,3

Source : Insee, comptes nationaux

Au bas du tableau ci-dessus nous avons repris l'investissement de l'Etat afin de le comparer au déficit auquel il est incorporé comme il est dit plus bas.

Voici le détail des dépenses nettes pour l'exercice 2017 (en mds€) :

dépenses des ministères	234,4
notre participation aux dépenses de l'Union européenne	19,1
transferts aux collectivités locales	47,3
charges de la dette	41,8
contribution au CAS pensions	48,0

Il faut savoir que la ligne « dépenses des ministères » comprend bien les dépenses d'investissements (cf. vie-publique.fr), mais elles ne sont pas connues en tant que telles à l'examen du PLF. Etant donnée la place que tient l'investissement - y compris public - dans l'activité de production nationale, il est tout de même surprenant qu'il n'en soit fait mention nulle part dans le budget de l'Etat.

Et puis, pourquoi traiter sur un même plan financier des dépenses courantes et des dépenses de patrimoine (donc à long terme) que l'on veut faire supporter par l'impôt immédiatement ? C'est une irrégularité lourde de conséquences sur le plan macroéconomique.

C'est que là aussi Maastricht en a décidé autrement, avec cependant une réserve totalement ignorée que l'on a pu se procurer à l'adresse : www.ecu-activities.be, signée Alain Morisset le 29/03/1994, extraite de « La procédure concernant les déficits excessifs » :

... Sont explicitement mentionnés dans l'article 104 C (3) : l'excès du déficit public sur les dépenses publiques d'investissement (cette formulation se réfère à la "règle d'or des finances publiques" selon laquelle un déficit budgétaire est acceptable pour autant qu'il ne soit pas supérieur au montant des investissements public ....

Nous y reviendrons au chapitre B9 « La dette ».

On voit que le solde général négatif (dernière ligne du tableau) ne remplit pas la limite fixée par le critère de Maastricht. Dans l'esprit du public, les déficits de l'Etat ne sont que le résultat comptable de la gabegie des gouvernements successifs, ce qui n'est ni totalement faux, ni totalement juste.

Bien qu'encadrés par les normes européennes, ces chiffres officiels sont-ils fiables ? Rien n'est moins sûr.

On sait comment le gouvernement réussit à se défausser de certaines dépenses auprès des collectivités locales, **notamment** le RSA qui ne cesse de croître et embellir. Les prélèvements sur recettes versés à ces collectivités (transferts aux collectivités locales) sont notoirement insuffisants ce qui a pour effet d'augmenter la pression fiscale sur les propriétaires et habitants par les taxes foncières et d'habitation, ou à défaut recourir à l'emprunt.

Le RSA tire à la hausse les dépenses des départements 11,3 mds€ en 2015 en hausse de 6% par rapport à 2014 (Source : le Figaro du 28 janvier 2017).

L'objectif du gouvernement est évidemment de rester dans les clous de Maastricht en se défaussant sur les collectivités locales, ce qui n'est pourtant pas autorisé par le traité de l'UE, comme on vient de le voir.

A l'aide des tableaux économiques d'ensemble (TEE) publiés chaque année par l'Insee, nous allons voir dans quelle mesure l'investissement public entre dans les dépenses des ministères et qu'elle est sa part dans l'endettement public.

Notre étude porte sur les 20 années (1996-2015).

L'endettement de la France au sens de Maastricht est passé de 683,6 mds€ à fin 1995 à 2.097,4 à fin 2015, ce qui nous donne une augmentation de la dette publique de 1.413,8 mds€ sur 20 ans.

L'investissement ou Formation Brute de Capital Fixe (FBCF) des administrations publiques (Etat et collectivités - S13 du TEE), cumulé sur la même période atteint la somme de 1.382,8 mds€.

Notre étude montre bien qu'en 20 ans, les investissements (Formation brute de capital fixe) de l'Etat et *des collectivités* ont été financés par la dette publique. Que l'on cherche à financer l'investissement par l'impôt nous semble être une faute macroéconomique de grande ampleur.

En revanche, nous pouvons dire que l'investissement public entre bien dans les dépenses des ministères, mais pas intégralement car comme par hasard les dépenses des ministères ne comprennent pas les dépenses des collectivités. Rien n'est fait pour éclaircir les questions que l'on peut se poser à ce sujet. Mais notre conclusion à ce stade de l'étude est que :

La dette sert à financer sur 20 ans un déficit qui correspond presque entièrement à l'investissement public (97,8%), le solde correspondant aux dépenses courantes de l'Etat.

Un chapitre complet (B9) est réservé à la dette publique.

Revenons maintenant au budget de l'Etat.

En résumé, il s'agit d'un budget de trésorerie, mêlant dans les recettes, celles qui concernent les taxes et impôts, les revenus de ses participations dans les entreprises publiques, les cessions de biens et les emprunts, et dans les dépenses celles qui concernent les dépenses de fonctionnement, les aides diverses et variées, les investissements, les intérêts des emprunts et les emprunts eux-mêmes.

Ce qui a comme première et absurde conséquence d'obliger l'Etat à emprunter pour accroître son patrimoine et à le revendre pour rembourser ! Sans parler des intérêts qu'il doit mettre à la charge de la population active en Europe pour que ses comptes soient équilibrés, puisque le traité de Maastricht en a décidé ainsi ! La deuxième conséquence tout aussi absurde qu'implacable est la cavalerie - ou roulement, terme plus lénifiant - des emprunts d'Etats, quand l'impôt n'arrive plus à couvrir les dépenses, ce qui est devenu usage courant dans notre pays.

Sans faire appel aux *"investisseurs"*, terme qui comprend surtout les spéculateurs afin d'entretenir la confusion, car le plus important est de rester dans la logique de *marché*.

Les besoins financiers de l'Etat d'un pays devraient être divisés *grosso modo* en 3 groupes :

1 - les dépenses publiques de fonctionnement,

Dans une économie digne de ce nom, le budget de fonctionnement (*amortissements incorporés*) devrait être équilibré. Inutile d'ajouter qu'au milieu de ce désordre organisé ou si l'on préfère de l'ordre abandonné, rien n'est fait (ou si peu) pour lutter contre la dégradation de l'environnement qui menace la planète entière.

2 - les dépenses d'investissement,

3 - les besoins monétaires de la régulation économique nationale, comme il a été dit au chapitre A1.

Les premiers devraient être couverts par les impôts et taxes ; quant aux deux autres, ils devraient être couverts par **de la monnaie dite permanente**, c'est-à-dire par de

la monnaie émise par la Banque de France et mise à la disposition du gouvernement **sans intérêt ni échéance de remboursement** sur décision du Parlement.

Ainsi, la création de monnaie permanente à destination exclusive de l'Etat, rendue possible en Europe par la dénonciation ou renégociation des accords de Maastricht, mettrait fin à l'intervention des marchés financiers et des agences de notation sur une dette souveraine qui ne courait plus aucun risque de défaut de paiement. Et pour cause, il n'y aurait plus de dette souveraine sur les marchés ! Et, cerise sur le gâteau une économie d'environ 43 milliards d'euros d'intérêts annuels.

Ainsi, la Banque centrale fournirait exclusivement les besoins de l'Etat tandis que les banques privées fourniraient exclusivement ceux des agents non bancaires, y compris donc ceux des sociétés financières et de crédit dans des conditions spécifiques (voir notre proposition de réforme du système monétaire au chapitre B7).

En conséquence, les agences de notation borneraient leurs notations aux entreprises privées et semi-publiques, ce qui n'aurait jamais dû être autrement.

La mise en vigueur de la monnaie permanente qui chasse la monnaie d'endettement (excès de crédits sur l'épargne) est bien l'alpha d'une remise en ordre financière publique pour le bien général.

Observation n° 2

Tout le monde s'accorde à dire que l'investissement est un facteur de relance de l'économie (croissance du PIB), et par conséquent un moyen de lutte contre le chômage.

Malheureusement celui de l'Etat est absorbé dans ses dépenses courantes - sans en être isolé - et apparaît alors en déficit public. Il représente pourtant une variable d'ajustement essentielle à la bonne marche de l'activité nationale.

Il serait bon de réviser de fond en comble la politique nationale de l'investissement public et de son financement afin de relancer la machine économique chaque fois qu'elle ralentit.

C'est le rôle de l'Etat et pour cela il doit reprendre absolument le contrôle de la Banque de France (deuxième impératif).

4 - La mondialisation des échanges

La mondialisation - *que l'on nous a vendue prétendument heureuse* - est la première source de chômage, parce que nos producteurs ont délocalisé à l'étranger ou bien vers l'Europe de l'Est pour bénéficier d'une main d'œuvre à bon marché. Ses promoteurs nous annonçaient le plein emploi et un avenir tout rose. Mais, comme chacun sait, les promesses n'engagent que ceux qui les écoutent. Et puis, malheureusement pour nous cette mondialisation a été une monumentale imposture.

Il y a bien eu au début quelques réticences de la part du public devant la pénétration des produits chinois, arguant du fait que la concurrence aurait pour effet de niveler nos salaires vers le bas, que nos usines seraient délocalisées et nos producteurs menacés de disparition. Ces arguments ont été balayés d'un revers de main prétendant que les consommateurs s'y retrouveraient en achetant des produits meilleur marché, mais oubliant de nous dire l'essentiel des effets collatéraux : le chômage et la misère active.

On trouve dans la presse bien-pensante - évidemment - le dernier argument aussi massue que bidon, c'est que la mondialisation a sorti de la pauvreté 1 milliard de personnes. Comment peut-on sortir pareille ânerie et selon quelles statistiques fiables. Il est certain que des dizaines de milliers de chinois qui cultivaient leurs terres dans leur province éloignée ont été attirés (pour leur malheur) par la ville et son miroir aux alouettes. C'est ainsi certainement qu'ils sont entrés dans les statistiques.

Avant l'introduction de l'euro, dont l'Angleterre (pas folle la guêpe) n'a pas voulu, les pays pouvaient résister à la concurrence en pesant sur le cours de leur devise et éventuellement par l'instauration de droits ou barrières douanières spécifiques (p.ex. normalisation des produits, quotas).

Avec l'euro, la boîte à outils est vide ! La difficulté s'est accentuée à l'intérieur de la zone avec l'introduction de partenaires économiques "en voie de développement", la concurrence devenant intenable entre les 28 pays ayant des niveaux de salaires extravagants. Dans l'UE, le coût horaire de la main-d'œuvre varie de 4 euros à... 41 euros (cf. latribune.fr - 04/2016).

Les pays développés doivent donc combattre sur tous les fronts, intérieurs et extérieurs. Au Bangladesh dans l'industrie textile le salaire des ouvriers frôle le 30 euros par mois (cf. 20minutes.fr du 13 mai 2013).

Bruxelles que rien n'arrête pour consolider sa puissance n'a pas hésité à faire entrer dans le cercle n'importe quel Etat européen, y compris les plus pauvres. Et les candidats ne résistent pas à la manne de fric versée au titre de la préadhésion aux futurs adhérents et plus il y a de pays, plus les ressources financières de la Commission s'accroissent et plus le nombre de fonctionnaires augmente. C'est l'histoire répétée de la grenouille qui veut se faire aussi grosse que le bœuf. Jusqu'à son éclatement !

La preuve de ce que nous venons d'avancer se trouve dans l'information scandaleuse que nous apprend France24.com le 27 juillet 2016. On en reste confondus.

Le vice-président allemand a appelé à « geler d'urgence » les milliards d'euros versés par l'UE à la Turquie au titre de « l'instrument d'aide à la préadhésion », censé soutenir le « renforcement des droits de l'Homme et des libertés fondamentales ».

*C'est un montant qui fait grincer les dents à la suite des **9 000 arrestations** et gardes à vue liées au coup* *d'État manqué en **Turquie**. Pour soutenir, notamment, « le renforcement des institutions et l'État de droit, les droits de l'Homme, y compris les libertés fondamentales », l'Union européenne (**UE**) a versé 4,8 milliards d'euros à Ankara depuis 2007 au titre de « l'instrument d'aide de préadhésion », un véhicule financier destiné à accompagner les pays candidats à une adhésion à l'UE.*

Des milliards d'euros versés par Bruxelles dont le quotidien allemand Süddeutsche Zeitung a fait état, vendredi 21 juillet. La Commission européenne, contactée par France 24, a confirmé ce montant qui se double, en outre, d'une provision de 4,45 milliards d'euros supplémentaires à verser d'ici 2020 dans le cadre du même programme.

Et la Commission a fait de la libre-concurrence sont crédo et entend la faire respecter par tous les moyens dont elle dispose (et elle n'en manque pas), étant rappelé qu'elle obéit à l'Allemagne d'Angela Merkel, puisque celle-ci décide souverainement de l'orientation de la politique générale de l'Union au mieux de ses intérêts, naturellement.

Alors comment résister à la concurrence puisque l'on ne veut pas remettre en question les traités de Maastricht/Lisbonne ? Devons-nous suivre le modèle allemand que l'on n'en finit pas de nous citer en exemple ? Eh bien, parlons-en du modèle allemand !

Comment l'Allemagne peut-elle réussir à **exporter** ses produits qui ont une réputation mondiale de qualité, l'exportation étant son atout majeur. Voici comment, de notre point de vue :

- sa politique de flexibilité du travail et de la réduction des salaires de ses citoyens,

- ses relations anciennes avec l'Europe de l'Est, son voisinage et les facilités de langue, lui permettent d'employer de la main d'œuvre à très bas prix dans de nombreux secteurs d'activité.

Ce qui constitue une concurrence déloyale envers les pays développés de la zone euro. On reproche déjà aux Allemands de dégager des excédents commerciaux sur le dos de leurs partenaires.

Dans les médias officiels, vous n'entendrez jamais parler des aspects négatifs de cette politique et ils sont nombreux :

- les statistiques du chômage sont faussées, car elles ne prennent pas en compte le travail à temps partiel : 15 millions de travailleurs allemands soit 38,3% du marché (cf. La Tribune du 24/06/2016),

- la perte de pouvoir d'achat de la population ; nous avons vu au chapitre A1 le prix qu'a dû payer l'Allemagne pour améliorer sa rentabilité et ses ventes à l'exportation : sa Parité de Pouvoir d'Achat (PPA), meilleure que celle de la France en 2001 (+2%) lui est devenue inférieure (-3,4%) en 2015 (cf. Statistiques OCDE).

Une information de dernière minute donnée par François Leclerc sur le blog de Paul Jorion le 20/03/2017, ainsi rédigée :

Bien que ne représentant pas la gauche du SPD, comme Oskar Lafontaine en son temps, Martin Schulz entend revenir sur les réformes Hartz du marché du travail de Gerhard Schroeder, l'Allemagne étant confrontée à un important phénomène de « travailleurs pauvres » grâce auquel elle peut afficher un bas taux de chômage.

Si l'on voulait suivre l'exemple allemand, il faudrait réduire nos salaires, ce qui est pratiquement impossible dans notre pays où les syndicats sont toujours prêts à mobiliser dans la rue. Mais, en supposant que cela soit réalisable on ferait le jeu du libre-échangisme qui se nourrit de cette concurrence sauvage : les Français réussiraient à baisser le prix des salaires pour diminuer le prix des produits exportés entraînant à leur suite les Allemands dans le cercle vicieux du jeu *"à qui perd gagne"*.

Il serait temps de cesser de jouer aux c...

Personne n'envisage un instant que l'on puisse réguler le commerce extérieur au niveau de la planète.

Avec la mondialisation des échanges, on a développé une nouvelle forme d'esclavage économique des masses laborieuses au plus grand profit des puissants de ce monde. A l'insu de tous, ce qui n'est pas une mince performance !

En matière d'échanges internationaux, il existe une règle fondamentale que les initiés ne peuvent pas ignorer, mais dont ils ne veulent pas tirer les conséquences.

> *Quand il y a un exportateur dans un pays, il y a un importateur dans un autre pays, et comme la valeur de l'échange est la même pour les deux parties, on peut avancer qu'à l'échelle de la planète, les exportations sont égales par définition aux importations, ce qui veut dire en clair que l'exportation des uns ne peut pas se réaliser sans l'importation des autres.*

Ainsi donc, la croissance dont bénéficient certains pays du fait d'excédents commerciaux a pour contrepartie des pertes de croissance résultant des déficits commerciaux des autres pays, ce qui signifie que la croissance des uns se fait, toutes proportions gardées, au détriment de celle des autres.

Il faut ajouter de plus - on l'a vu au chapitre A1 "*Une loi macroéconomique pour piloter la croissance*" - que 2 ou 3 points de PIB, dus à la balance commerciale, peuvent plomber en cas de déficit ou stimuler en cas d'excédent la croissance dont les effets sont d'autant plus sensibles qu'ils interviennent en période de croissance proche de zéro. Nous y sommes.

La balance de la France est en faible déficit (1,5%) en 2015, mais pas celle de l'Allemagne qui bat record sur record depuis 2002 pour atteindre un solde bénéficiaire de près de 8% de son PIB pour la même année 2015. Ce qui a fait l'objet de nombreuses critiques en Europe, sans suite évidemment.

Alors, il est vain de croire que tout le monde peut exporter sans limite, ce qui n'empêche pas les gouvernements de tous les pays d'encourager leurs entreprises à exporter. Et celles-ci de se précipiter à l'assaut de parts de marché à l'étranger, non sans succès il faut bien le dire mais au seul avantage des multinationales. Il y a bien eu au début quelques velléités pour aider les PME à exporter, mais bien vite abandonnées car vaines.

> *"Tous ces accords de libre-échange ne profitent qu'aux multinationales. J'ai vu à l'œuvre l'Alena, l'accord nord-américain dont George Bush père disait lui-même qu'il était un laboratoire du libre-échange. Cet accord a littéralement détruit l'agriculture mexicaine, en mettant par exemple en concurrence le maïs traditionnel mexicain avec le maïs OGM subventionné des États-Unis."* Source : Marie-Monique Robin, journaliste - humanite.fr - 16 juillet 2014

De la règle exposée ci-dessus, découle une autre égalité, c'est que :

A la somme des balances bénéficiaires d'un ensemble de pays correspond par symétrie la somme des balances déficitaires de l'ensemble des autres pays.

Chacun de ces derniers s'efforce naturellement de réduire l'endettement généré par le déséquilibre de ses échanges extérieurs afin d'éviter une dépendance trop grande envers l'extérieur par le crédit. La Grèce, pour ne citer qu'elle, subit les effets dramatiques de cette règle. Depuis le début du siècle, elle a notamment importé d'Allemagne, de France et des Etats-Unis, des armements - parfaitement inutiles, si l'on prend en considération l'Union Européenne faite pour la protéger - pour des dizaines de milliards d'euros, pots-de-vin à la clé. En contrepartie, elle s'est endettée auprès des banques françaises et allemandes, ce qui par le jeu des compensations (Target 2) a fait grimper sa dette souveraine dont elle doit maintenant s'acquitter sous le prétexte qu'elle a dépassé les critères de Maastricht !

Le pillage de la Grèce en est la suite logique, mais les affaires sont les affaires !

Dans cette guerre commerciale impitoyable et dévastatrice, ce sont les Etats-Unis qui s'en sortent le mieux parce qu'ils n'ont aucune dépendance vis-à-vis de l'extérieur. C'est qu'en effet, ils commercent presque exclusivement en dollars (monnaie internationale) et émettent autant de dollars que nécessaire à leur besoins en billets et en obligations. Les premiers circulent à travers le monde et les autres sont stockés dans les banques centrales en réserve ou dans les poches des Emirs du Moyen Orient.

Le seul risque couru est de voir tous ces dollars déferler dans le pays, comme les Emirs en ont brandi la menace à la suite du rapport déclassifié sur le 11 septembre (28 pages encore dissimulées) mettant en cause les Saoudiens dans l'attentat terroriste.

Les USA sont en déficit chronique depuis de nombreuses années. De 1980 à 2014, le déficit accumulé dépasse les 10 trillions de dollars. Après avoir atteint son plus haut point à 5,6% en 2006, il a été ramené à 2,9% du PIB en 2013/14 et 15.

Comme ce pays n'a pas eu l'idée saugrenue de fixer des limites à son endettement, il ne souffre pas des restrictions que s'impose l'Europe de Maastricht. Mais, comme tout le monde, il subit la règle de l'influence négative de ses déficits commerciaux sur son PIB que l'endettement des ménages ne suffit plus à résorber.

Enfin, il est victime de la globalisation qu'il a imposé partout, bien qu'il arrive en partie à s'en protéger grâce aux manipulations du cours de sa monnaie sur les marchés des changes et à des mesures de protection qui ne disent pas leur nom.

Son pays n'est pas à l'abri des conséquences du capitalisme sauvage, c'est-à-dire le chômage et la misère (voir chapitre A5 suivant).

La première imposture.

Il apparaît de plus en plus clairement que les multinationales font leurs profits sur le dos des populations nationales. Des exemples concrets ont été évoqués au début de ce chapitre.

On devrait commencer à comprendre que les délocalisations ne sont que les conséquences de cette politique vaine et stérile, véritable supercherie planétaire. On devrait commencer à comprendre que l'importation de produits fabriqués par des malheureux payés avec une poignée de riz a pour effet d'importer leur misère chez nous. Mais quel aveuglement est donc le nôtre !

Comment peut-on croire que l'on peut donner du travail à plus d'un milliard d'individus (ce n'est pas rien) sans conséquence sur nos salariés ? Il faut être sérieusement dérangé pour le penser !

Et puis, braves gens, comprenez-vous pourquoi on s'acharne à donner du travail aux autres quand nous pourrions le faire nous-mêmes ? Il faudra bien produire et couvrir les besoins de ceux qui sont aujourd'hui encore dans la misère, victimes collatérales du libre-échange. De la folie des hommes qui nous dirigent, il n'y a rien à comprendre, sauf la cupidité.

Sur les marchés, en raison d'une concurrence acharnée, que ce soit à l'intérieur ou à l'extérieur, pour vendre il faut être compétitif et pour être compétitif il faut réduire les coûts de production. Mais pour réduire les coûts de fabrication, il faut mécaniser à outrance, réduire les salaires (ou tout au moins les contenir) et produire inéluctablement des chômeurs.

L'argument largement employé pour faire admettre les bienfaits du libre-échange consiste à dire que les premiers bénéficiaires des baisses de prix sont les consommateurs. Mais ce que l'on oublie de nous dire, c'est que les prix faisant les revenus puisque le produit national est égal au revenu national, les baisses de prix conséquence de la concurrence entraînent mécaniquement des baisses de revenus.

Mais, braves gens, ne croyez pas qu'ils baissent pour tout le monde !

La deuxième imposture.

C'est qu'en effet, les hommes politiques, les chefs d'entreprise et d'une manière générale tous ceux qui ont le pouvoir de fixer les prix et ceux qui les servent ne sont évidemment pas concernés par la baisse des revenus puisqu'ils sont les premiers à se servir (ainsi, nos députés, sénateurs et membres du gouvernement, par exemple). Ceux-là et ceux-là seulement gagnent sur les deux tableaux ! Leur pouvoir d'achat s'améliore à la fois par la hausse de leur revenu et par la baisse de leurs dépenses, excepté toutefois pour les produits de luxe.

Il n'est donc pas surprenant de constater que ce sont les plus nombreux qui sont les plus touchés, c'est-à-dire les revenus les moins élevés, ceux des masses laborieuses (consommateurs comme les autres), ce qui explique largement le creusement du fossé qui sépare à nouveau les riches et les pauvres.

La mondialisation des échanges est donc bien une nouvelle forme d'esclavage économique.

Comment sortir nos élites de la léthargie dans laquelle elles sont plongées ? Sont-elles complices du sort qui nous est fait ?

Si l'on veut mettre un terme au chômage et à la misère humaine, chaque pays doit se consacrer au développement de **son** économie nationale, pas à celle de ses voisins, et enfin priorité des priorités donner du travail à **ses** salariés. Chaque pays dispose avec **sa monnaie** des moyens amplement suffisants pour développer **sa** propre économie.

Deux alternatives s'offrent à chacun de nous : les pays avec lesquels nous pratiquons des échanges (qui ont intérêt eux aussi à développer leurs activités domestiques, comme nous le ferions),

- acceptent de passer des accords bilatéraux ou multilatéraux afin que **l'équilibre** des échanges **commerciaux** entre pays soit **garanti** ; cela s'appelle la régulation du commerce extérieur,

- n'acceptent pas (ce qui paraît bien improbable) et des quotas leur sont fixés d'autorité.

Il est inacceptable, par exemple, que l'Allemagne dégage des excédents commerciaux sur le dos de ses partenaires de la zone.

La lutte à laquelle se livrent tous les pays au monde pour exporter est devenue une guerre économicide entretenue par le libre- échange.

Certains aiment à faire observer qu'un pays peut connaître la croissance de son PIB que sa balance commerciale soit bénéficiaire ou déficitaire, et de citer les exemples opposés que sont le Japon et les USA. C'est exact, mais il faut rappeler que les trois composantes du PIB sont la consommation, l'investissement et la balance commerciale. Si le Japon enregistre une faible part de consommation et d'investissement, sa croissance dépend alors de ses exportations. Si les USA enregistrent une balance commerciale déficitaire (c'est son cas depuis plus de 30 ans) sa croissance dépend alors de la vigueur de sa consommation (par le crédit) et de ses investissements (par le crédit, également).

Des échanges équilibrés, cela signifie aussi et surtout le retour à l'indépendance financière vis-à-vis de l'extérieur. Aucun pays n'a besoin de concours étrangers, excepté s'il a une balance commerciale déficitaire. Et, si tout le monde s'accorde sur ces dispositions, il n'y a plus de balance commerciale déficitaire ! Et son cortège de problèmes spécifiques, notamment et surtout ses effets de frein sur l'appareil de production (cf. A1 - Une loi macroéconomique pour piloter la croissance).

Observation n° 3

Pour neutraliser les effets des déséquilibres commerciaux à travers le monde, il est vital de mettre un terme à la guerre commerciale qui sévit partout au profit des riches et au détriment des pauvres.

Dans cette perspective, les pays doivent s'entendre sur les produits qu'ils peuvent échanger, en donnant la priorité à ceux qui favorisent l'emploi et la main d'œuvre chez eux avec pour objectif ultime l'équilibre annuel : export = import. Cet objectif peut être atteint, en mode ultime, en comblant les écarts non par soustraction mais par addition.

Il s'agit donc en définitive de pratiquer une régulation intelligente et partagée des échanges entre pays partenaires attachés à leurs intérêts communs bien compris.

5 - La compétitivité, mère de tous les sacrifices de ceux qui travaillent pour que les riches s'enrichissent toujours plus

Dans un milieu ouvert sans limite à la concurrence, les entreprises doivent être compétitives sous peine de disparaître. Mais, elles ne peuvent être compétitives qu'à la condition de réduire toujours plus la part de la main d'œuvre dans la fabrication, c'est-à-dire mécaniser et diminuer les coûts salariaux.

C'est ainsi que la compétitivité, fille naturelle de la concurrence excitée au plus haut point par le libre-échange, est devenue une espèce de machine infernale à produire soit du chômage, soit des salaires de misère, soit encore les deux à la fois, pouvant conduire à des pertes massives de pouvoir d'achat au niveau national en période de stagnation ou de récession.

La mécanisation des travaux manuels, que ce soit dans les ateliers ou dans les bureaux devient une priorité. Les causes de la mécanisation ont changé radicalement : alors qu'autrefois, au temps des 30 glorieuses, on mécanisait pour fournir une demande qui paraissait insatiable, on mécanise aujourd'hui pour survivre devant une demande qui semble s'échapper faute de pouvoir d'achat. La recherche de la compétitivité encouragée par les pouvoirs publics, devient le slogan à la mode. On laisse gaillardement le tissu national se déchirer au prétexte qu'il faut le restructurer. Et toutes ces mesures prises, on s'étonne encore de voir fondre les effectifs des entreprises et les chômeurs proliférer.

En cherchant à réduire les coûts, par le fait même, l'emploi ne peut plus être protégé et les contrats à durée déterminée, qui ne sont que le reflet de la précarité des affaires sur l'emploi, pullulent. Sur le marché du travail, la demande devient plus forte que l'offre et les salaires ont tendance à baisser. C'est la loi du marché. Quand elles embauchent, les entreprises proposent des salaires de plus en plus bas. Les augmentations se font plus rares ainsi que les promotions dans la hiérarchie des salaires. Tous les moyens sont bons pour réduire les coûts et par contagion celles qui pourraient s'en passer n'y résistent pas.

La mondialisation des échanges devrait nous faire comprendre toute l'étendue du désastre qui nous envahit, malgré quelques moments de répit dus à une « conjoncture » plutôt favorable.

Car, on n'a pas encore vraiment compris que l'on ne peut pas mener la même politique économique, selon que l'on traverse une période de plein ou de sous-emploi, de forte ou de faible activité, et qu'en toutes circonstances il faut donner la priorité au travail de l'homme sur celui de la machine.

On se nourrit alors d'illusions en supposant que les pays industrialisés compensent par de fortes ressources dans des technologies de pointes comparées à des pays en voie de développement qui en manqueraient. On devrait s'apercevoir que ces pays en voie de développement, comme le terme l'indique, ne nous attendent pas pour exceller dans des domaines pointus, telle l'informatique en Inde ; demain la Chine explosera dans tous les domaines des productions de plus en plus élaborées et de haute technologie.

On attend peut-être pour voir !

A force de tordre le cou de la poule aux œufs d'or, que sont les masses populaires et leur pouvoir d'achat en berne, elle finira par crever !

Un exemple récent vaut le coup d'être rapporté.

Une grosse société américaine avicole emploie des ouvriers dans des conditions dignes des pires bourreaux que l'histoire nous ait fait connaître. Voici ce qu'en dit le Figaro du 13 mai 2016 :

> *Les employés du secteur volailler aux Etats-Unis travaillent dans un tel climat de peur qu'ils n'osent pas demander de pauses pour aller aux toilettes et portent des couches au travail, affirme l'ONG britannique Oxfam dans une étude. D'après l'étude publiée mardi, "la grande majorité" des 250.000 ouvriers du secteur avicole américain "dit ne pas bénéficier de pauses-toilettes adéquates", en "claire violation des lois américaines de sécurité au travail".*

> *Ils "luttent pour s'adapter à ce déni d'un besoin humain de base. Ils urinent et défèquent debout face à la ligne d'assemblage, portent des couches au travail, réduisent leurs prises de liquides et fluides à des niveaux dangereux" et risquent "de graves problèmes de santé", martèle l'étude. L'américain Tyson Foods, l'un des plus gros groupes volaillers au monde, a répondu dans un communiqué "ne pas tolérer le refus des demandes d'aller aux toilettes" dans ses usines. "Nous sommes inquiets de ces accusations anonymes et bien que nous n'ayons pour l'instant pas de preuves qu'elles soient vraies, nous vérifions que nos règlementations sur les toilettes sont appliquées", ajoute le groupe.*

Autre exemple au Bangladesh :

> *Le bilan de l'effondrement d'un immeuble qui abritait des ateliers textiles à Dacca ne cesse de s'alourdir. Plus de 1000 personnes y ont trouvé la mort. Un drame qui met en lumière les conditions de travail pour les ouvriers du textile au Bangladesh, un*

véritable atelier de confection pour le monde entier...
(Source : L'Express du 24/04/2013).

... Car si l'industrie textile pèse 30 milliards dans l'économie du pays, elle ne rapporte que 67 dollars par mois à ses ouvriers. Pour l'instant les négociations entre les industriels, le gouvernement et les 42 organisations syndicales n'ont pas réussi à se mettre d'accord. Et la situation semble s'envenimer...
(Source : rfi.fr du 24/12/2016)

Après le coup de projecteur, l'obscurité recouvre la scène et la vie continue comme avant.

Observation n° 3 bis

La compétitivité engendrée par le libre-échange est la mère de tous les sacrifices de ceux qui travaillent pour que les riches s'enrichissent toujours plus.

6 - La jungle des affaires et le capitalisme : creuset des inégalités

Ce sont les prix qui font les revenus. Cette règle découle de l'égalité du PIB au Revenu national.

Les revenus élevés ont une part relativement forte d'épargne utilisée à des placements financiers, (épargne active à la recherche de profits élevés). Tandis que les revenus modestes et moyens ont une part relativement faible d'épargne stockée en banque, mais forte par leur masse (stabilité).

Nous allons examiner successivement :

- les inégalités dans les salaires,

- les entreprises à position dominante sur les marchés,

- les distributions de bénéfices par les sociétés en France

- la spéculation sur les matières premières et les produits alimentaires

- la spéculation financière

1 - Les inégalités dans les salaires.

Voici ce que l'on peut lire dans la tribune.fr du 21 avril 2016 "La vérité sur les rémunérations des patrons du CAC 40 en 2015" :

L'ensemble des rémunérations attribuées au principal dirigeant exécutif dans les sociétés du CAC 40 a atteint 167,6 millions d'euros au titre de l'exercice 2015, soit une moyenne de 4,2 millions par dirigeant. La hausse est de 11,4% sur ces mêmes 40 sociétés par rapport à 2014, de 9% entre le CAC 40 de 2015 et celui de 2014, et de 6,8% si l'on s'en tient à la partie parfaitement comparable de l'échantillon...

*... L'hétérogénéité des rémunérations et de leurs composantes est en tout cas très forte dans ce palmarès des rémunérations du CAC 40, avec un **écart de 1 à 16,9** pour le package total entre Martin Bouygues, le moins bien payé en 2015, et le nouveau patron exécutif de Sanofi Olivier Brandicourt.*

Leur rémunération est généralement fixée par le conseil d'administration de la société. Elle dépend de l'aptitude du dirigeant à dégager des profits pour les actionnaires et par là à faire évoluer le cours de bourse pour que ceux-ci bénéficient de confortables plus-values. Plus les bénéfices et ses perspectives sont élevés, plus la rémunération est haute à laquelle s'ajoutent les parachutes dorés, les retraites chapeaux, les stock-options, les dividendes etc. Si Martin Bouygues a la rémunération la plus basse, on peut supposer qu'il la doit à sa double position d'actionnaire et de dirigeant, préférant toucher des dividendes que des salaires nets (avantage fiscal).

La rémunération des patrons du CAC 40 ne connaît pas la crise... Dixit : l'expansion.l'express.fr de janvier 2017.

Il ne faut pas s'étonner de voir en tête de liste le patron de Sanofi, géant français de l'industrie pharmaceutique.

Début 2015, Olivier Brandicourt a été accueilli au sein du groupe Sanofi avec un bonus de bienvenue de quatre millions d'euros sur deux ans. Un " golden hello " qui avait alors suscité de vives critiques. Au titre de l'exercice 2015, il a reçu près de 4,4 millions d'euros de rémunération fixe et variable, ainsi qu'un pactole de 12,7 millions d'euros, virtuel pour le moment car sous forme d'options de souscription d'actions et d'actions dites « de performance ", dont l'attribution définitive est soumise à des critères de performance du groupe sur les trois prochaines années. (Les Echos du 04/05/2016)

Il a dû présenter de sérieuses propositions de performance de résultats pour avoir été traité de la sorte.

On ne connaît pas celle du PDG du groupe Lactalis, Emmanuel Besnier (petit-fils du fondateur), car cette entreprise refuse de publier ses résultats annuels au registre du commerce, se plaçant ainsi en infraction avec la loi sur les sociétés commerciales (voir plus bas).

Un grand quotidien titre le 3 février 2017 "Le nombre de financiers européens millionnaires a bondi" avant de préciser que : *En 2015, 5142 banquiers ont gagné plus d'un million d'euros alors qu'ils n'étaient que 3865 en 2014...* Puis plus loin : *En 2015, un gestionnaire d'actifs a empoché 33,5 millions d'euros de bonus pour un salaire de 199.000 euros.*

Voyons à présent l'écart de rémunération existant entre les grands patrons et le smicard.

Depuis le 1er janvier 2017, un salarié payé au SMIC mensuel pour un temps plein (35H) touche près de 1.150 euros net par mois, soit 1.480,27 euros brut pour un emploi à temps complet : le Smic annuel brut est porté à 17.760 euros. (net-iris.com.fr)

Ainsi, le smicard gagne 250 fois moins que le patron de Sanofi (hors stock-options et autres rémunérations exceptionnelles).

Les premières inégalités de revenus se trouvent donc là.

2 - Les entreprises à position dominante sur les marchés

Ce sont principalement des multi ou transnationales qui sont en situation d'oligopoles.

... Le cas d'oligopole le plus simple est un duopole, où il y a deux producteurs. Certains secteurs d'activité sont des secteurs « naturellement oligopolistiques » : les rendements d'échelle sont tellement grands qu'il est plus rentable pour l'économie que le nombre d'acteurs soit limité...

... Par exemple en France, il existe quatre sociétés (offreurs) qui proposent des services de téléphonie mobile à des millions de demandeurs (clients). La concurrence devenant quasi-inexistante entre les opérateurs, l'État français est intervenu afin d'obliger les offreurs à réviser le coût des SMS (Short Message Service) qui étaient facturés six à huit fois leur prix de revient (Wikipedia)

Sanofi - industrie pharmaceutique française - dont on a évoqué la rémunération de son patron ci-dessus - fait partie des entreprises à position dominante, qualifiée aussi de lobby ou groupe de pression.

Les industries pharmaceutiques n'ont rien perdu de leur influence sur nos responsables en santé publique ! Les moyens financiers dont ils disposent leur offrent la capacité de *"négocier"* avec les gouvernements et les organismes payeurs.

Les prix des médicaments sont **en théorie** fixés par convention entre l'entreprise et le Comité économique des produits de santé (CEPS) . Il faut croire que ce Comité subit l'influence des lobbies si l'on s'en rapporte au Figaro du 12 avril 2016 qui nous dit sous le titre " Les médicaments sont-ils devenus trop chers ?", que:

"Les groupes pharmaceutiques ont de multiples façons d'imposer leurs tarifs. Aux Etats-Unis, ils subventionnent généreusement les différents candidats aux élections présidentielles, leur lobby puissant a obtenu que la mise en place de l'Obamacare n'entraîne pas de baisse des prix des médicaments.

Mais l'envolée des prix tient aussi à l'organisation du médicament largement dictée par les Etats-Unis, qui représentent 30% des ventes".

On ne nous dit pas comment ça se passe en France, mais on peut l'imaginer. Pour cela, il suffit de savoir que les débats du CEPS ne sont ni enregistrés ni publiés, selon un rapport de la Cour des comptes (Source : Le Figaro du 25/03/2016).

Passés tous ces obstacles, leur bénéfice net après déduction de tous les frais (y compris les frais de recherche réputés lourds) et impôts, atteint des sommes considérables : en moyenne 15% du chiffre d'affaires. En 2015, le laboratoire américain Gilead Sciences a fait un profit record de 18,1 mds de dollars pour un chiffre d'affaires de 32,6 mds $ (soit 55% environ) (Le Figaro du 25/03/2016 sur les grands laboratoires mondiaux).

Un vrai scandale quand l'on sait que c'est la souffrance humaine qui paye l'addition.

Ce qui est vrai pour les produits pharmaceutiques l'est aussi pour les industries chimiques (pesticides, notamment) et agroalimentaires.

Le projet de rachat de la firme Monsanto par Bayer - pour 59 milliards d'euros - est le prototype même de la naissance d'un oligopoleur géant. Monsanto est leader dans le domaine des semences OGM et Bayer est le géant des pesticides.

La Commission européenne, qui ne manque pas une occasion pour promouvoir la concurrence, serait bien inspirée d'interdire ce projet qui conduit à une situation inadmissible de monopole.

Enfin dernier exemple, celui du groupe français Lactalis qui use et abuse sans vergogne de sa position dominante. Ce groupe est devenu le premier groupe laitier mondial. Voici ce que dit notamment Wikipedia à son propos :

En mars 2015, l'entreprise est condamnée dans l'affaire dite du « cartel du yaourt », pour entente illicite sur les prix et les appels d'offres pour produits laitiers frais vendus sous marque de distributeur à une amende de 56,1 millions d'euros, par l'autorité française de la concurrence.

Nicolas Dupont-Aignan appelle en août 2016 au boycott des produits du groupe Lactalis : « J'appelle les Français à boycotter ces produits car ce géant ne publie pas ses comptes, fait des bénéfices extravagants et, pendant ce temps-là, nos agriculteurs sont en train de mourir ». Cette campagne de boycott s'inscrit dans le contexte de négociations difficiles sur le prix du lait entre le géant laitier et les producteurs. L'éditorialiste Périco Légasse estime alors que « Lactalis paye le litre de lait 25 centimes d'euro aux éleveurs, soit 14 centimes au-dessous de son prix de revient. Les paysans produisent à perte, en crèvent par milliers, parfois se suicident de désespoir, mais Lactalis reste intraitable », et dénonce un système dans lequel les transformateurs comme Lactalis répercutent la pression à la baisse des prix sur les producteurs, afin de garantir leur marge financière.

On apprend par Le Parisien du 28/01/2017 que Lactalis ne travaillera plus avec les producteurs mécontents. On croit rêver devant une telle mesure de rétorsion. Qui fait la loi en France ?

Il faut savoir que la France exporte et importe du lait. Au Canada, l'importation de lait est interdite.

Ce qui est vrai pour les produits pharmaceutiques et autres l'est aussi pour les industries automobiles. Le 4 février 2017 un grand quotidien titre *"Automobile : la Bourse juge les constructeurs sur leurs marges"*.

Que les marges soient faibles ou fortes, à bien y regarder, c'est par des ventes massives que les entreprises font des bénéfices phénoménaux. Avec en-tête l'agroalimentaire (production et distribution) et l'industrie pharmaceutique.

3 - Les distributions de bénéfices en France

Le capital se porte très bien quoi qu'en disent certains défenseurs du patronat. Que l'on en juge par le tableau ci-dessous établi à partir des données publiées par l'Insee (Tableau économique d'ensemble - TEE).

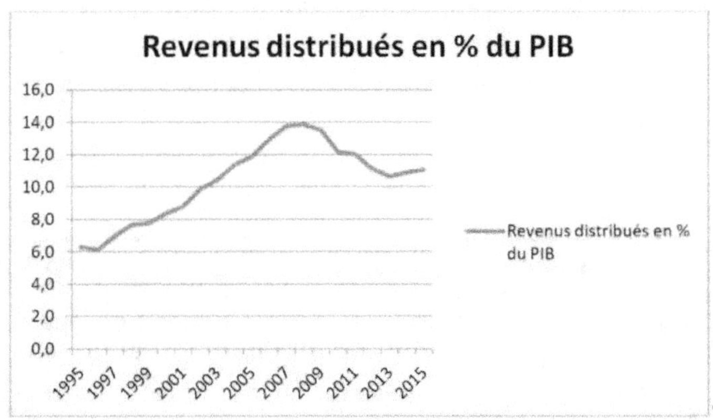

Les revenus (bénéfices) distribués par les sociétés françaises sont passés de 6,3% du PIB en 1995 à 11% en 2015 avec un pic à 13,9% en 2008. Apparemment, cela ne leur suffit pas puisque le patronat demande de réduire les charges patronales trop lourdes pour être compétitif. Dit autrement, le fléchissement de la courbe des bénéfices depuis 2008 doit être rattrapé.

Le 10 mars 2017, le Figaro publie un article sur les sociétés du CAC 40 :

« 76 milliards d'euros de profits pour le CAC 40. Avec une progression de 33%, les bénéfices des grands groupes français retrouvent leur niveau de 2012 » En tête la BNP Paribas pour 7,7 mds€, suivent Total, Axa et Sanofi ».

L'évolution des revenus des entreprises soulève un problème de structure car la recherche du rendement optimal conduit à une rémunération excessive des capitaux, ce qui se traduit nécessairement par :

• soit, une baisse relative du revenu des ménages (chômage, perte de pouvoir d'achat) selon le niveau de développement de l'activité de production,

• soit, une augmentation du coût de la vie (dépenses de consommation et d'investissement des ménages),

• soit, les deux à la fois.

Observation n° 6

La source des inégalités se trouve donc, d'une part, dans les disparités de rémunérations au niveau de l'entreprise et d'autre part dans une rémunération excessive des capitaux (actionnaires).

4 - La spéculation sur les matières premières et les produits alimentaires

Que la spéculation s'exerce dans les domaines financiers (actions et obligations par exemple) et monétaires (taux de change, d'intérêt et dérivés par exemple) ne nous concernent que peu dans la mesure où ils n'ont pas ou peu de conséquences sur l'activité de production.

Mais la spéculation sur les matières premières et tout spécialement alimentaires a un effet certain sur les prix à la consommation, c'est ce qui est inadmissible. Ici, il n'y a plus de risque car le jeu est toujours à la hausse.

A l'initiative des jeunes socialistes, les Suisses ont malheureusement voté "Non" à la votation "Stop à la spéculation sur les matières premières", ce qui prouve l'intérêt qu'en retirent les spéculateurs de tout poil.

Selon la FAO – Organisation des Nations Unies pour l'alimentation et l'agriculture – *le potentiel agricole actuel de la planète pourrait nourrir au moins 12 milliards de personnes, si seulement la nourriture n'était pas soumise à la spéculation et était correctement distribuée. Mais ce n'est pas le cas. Les spéculateurs sur les cultures alimentaires aux États-Unis et en Europe commandent les prix par la famine. Ils contrôlent littéralement qui peut vivre et qui doit mourir.*

Il n'y a rien à ajouter.

Observation n° 7

La spéculation sur les matières premières alimentaires devrait être interdite par les gouvernements.

---

5 - La spéculation financière

Elle s'exerce principalement à l'aide de ce que l'on appelle les dérivés :

Les produits dérivés sont des instruments financiers basés sur des valeurs futures et leur évolution (taux d'intérêt, cours de bourse, etc.).

Ce type de spéculation a pris une telle ampleur qu'elle échappe désormais au contrôle des autorités monétaires car elle a bénéficié de développements techniques considérables avec les Transactions à Haute Fréquence (THF) exécutées par des robots qui manient les algorithmes à la place de l'homme.

Ce type de spéculation fonctionne de plus en plus dans l'ombre et le secret jalousement gardé par les banques. La contagion a atteint les banques du monde entier et les estimations les plus basses font état d'un million de milliards de dollars en cours de spéculation.

En cas de crise monétaire soudaine, c'est tout le système bancaire international qui pourrait sauter.

On peut assimiler ces opérations à des hold-up monétaires puisqu'ils ne sont pas le fruit d'une activité économique normale. Les bénéfices engrangés correspondent à de nouvelles créations monétaires sans aucune contrepartie marchande.

Notre prix Nobel d'économie Maurice Allais (1988) qui traitait les banquiers de faux-monnayeurs parce qu'ils émettent la monnaie *ex-nihilo*, n'aurait pas eu de mots assez durs pour les qualifier dans leurs nouvelles pratiques.

Observation n° 7 Bis

La spéculation financière devrait être interdite. Elle n'a aucune contrepartie marchande et elle crée artificiellement la monnaie dont les banques font leurs bénéfices.

B - LA MONNAIE

On vient de voir que l'organisation actuelle de notre société était orientée vers le profit d'une minorité au détriment du plus grand nombre. Elle s'appuie sur un système qui a été conçu et réalisé par ceux qui en tirent avantage.

Nous allons essayer de démonter les failles de ce système dans le but de le combattre, l'ébranler et pourquoi pas l'abattre puisqu'il pourrit la vie du plus grand nombre.

Il nous semble qu'il faille aborder en premier lieu la monnaie.

Elle a été longtemps entourée de mystères. Aujourd'hui encore malgré les progrès de la science et de l'information, elle reste une inconnue pour la majorité des citoyens.

La monnaie scripturale (née d'écritures comptables), celle que nous avons l'habitude d'utiliser tous les jours à l'aide de notre chéquier, notre carte bancaire, etc. est créée ex-nihilo - c'est-à-dire à partir de rien - par les banques.

Lorsqu'un client demande un prêt à sa banque, celle-ci passe une simple écriture comptable. Il ne va chercher nulle part la monnaie, puisqu'il la crée (voir plus bas).

Ce procédé étant universel, on en conclut que : **"S'il n'y a pas de dettes, il n'y a pas d'argent et donc pas d'échange".**

C'est pourquoi on parle d'argent-dette. Comme les dettes doivent en principe être remboursées, la masse en circulation a un fatal impact sur l'économie.

Pire, cette masse est en état d'instabilité permanente du fait que - issue d'emprunts - elle fait l'objet de nouveaux prêts générant une dangereuse fuite en avant pour l'économie réelle dès que la masse des remboursements dépasse celle des nouveaux emprunts.

Pour parer à cette difficulté nous avons proposé au chapitre A3 l'instauration d'un monnaie dite permanente, émise - sous certaines conditions - par la banque centrale en faveur de l'Etat, sans intérêt ni échéance de remboursement.

Comme il en est en politique, les sujets sensibles font généralement l'objet de discours tronqués, biaisés ou plus simplement totalement faux. C'est le cas pour tout ce qui touche à la monnaie. Envahies par les dogmes d'un autre âge, les théories les plus contradictoires animent les débats. Comment dans ces conditions l'économie pourrait-elle être une science ?

Il est urgent de se débarrasser d'un certain nombre de théories des plus néfastes si l'on veut y voir clair en économie. Nous contestons notamment :

a) la théorie monétariste de l'inflation,

b) la croyance selon laquelle les banques prêtent l'épargne de leurs déposants, débouchant sur

c) la théorie de l'égalité de l'épargne et de l'investissement,

d) la théorie du multiplicateur monétaire,

Nous reviendrons amplement sur ces théories qui sont devenues des dogmes à force d'être martelées. Il faut d'ailleurs savoir qu'elles sont toujours dispensées dans les cours de l'enseignement supérieur, raison pour laquelle elle n'est pas remise en question.

Si l'économie n'est pas une science c'est, nous semble-t-il, parce que les économistes se battent à coup de théories éloignés de la réalité et surtout en raison de la méconnaissance des techniques qui régissent obligatoirement l'ordre macroéconomique de toute société organisée. L'incapacité des uns et des autres à faire des prévisions fiables le prouve.

Il est donc vital pour les économies nationales de libérer la monnaie de ses dogmes, de ses tabous et de ses carcans qui servent à notre asservissement par les puissances monétaires. Le moment est venu de rendre le pouvoir monétaire au peuple, c'est-à-dire à ses élus. La monnaie peut et doit être le moyen démocratique d'accès au bien-être pour tous.

Il n'y a pas de souveraineté nationale si l'Etat ne dispose pas de la première de ses fonctions régaliennes : celle de battre monnaie.

Actuellement notre souveraineté monétaire est entre les mains de la BCE comme notre souveraineté économique est entre les mains de Bruxelles, soit deux obstacles de taille à l'exercice légitime de la démocratie.

Nous aborderons notre analyse monétaire avec l'affaire dite des "*subprimes*" montée de toutes pièces par des banques américaines dont la cupidité est sans limite. Cette affaire a eu des répercussions considérables en matière financière et économique dans le monde entier, dont les causes véritables ont été passées sous silence.

1 - L'affaire des subprimes ou la plus grande escroquerie bancaire de tous les temps

Cette affaire, partie des Etats-Unis, a eu plus de conséquences dommageables pour le système bancaire international qu'on a bien voulu le dire.

Elle a eu pour origine une manipulation des taux d'intérêt par les banques américaines avec la complicité de la Fed dont elles sont les actionnaires. L'objectif étant d'accorder massivement des prêts - garantis par une hypothèque - aux ménages américains cherchant à se loger, à des taux très bas avant de les remonter dans le but de faire, soit des profits en intérêts, soit de récupérer les biens hypothéqués.

Si vous observez le graphique des taux directeurs de la Fed de 2000 à 2014 vous noterez un creux passant d'un plus haut à 6% en 2000 à un plus bas à 1% en 2003/2004 suivi d'une remontée spectaculaire au-dessus de 5% en 2007 avant de retomber au-dessous de 1% en 2009.

Voici à notre avis ce qui s'est passé :

En 2004, au creux de la vague (taux à 1%), à grand renfort de trompettes, les banques américaines ont consenti des **prêts hypothécaires** pour l'acquisition de logements à des centaines de milliers de ménages modestes, d'où le terme de "subprime", à des taux d'intérêt variables (tournant autour de 5 à 7%) mais **indexés** sur le taux Fed auquel les banques se refinancent entre elles.

Plus le risque est élevé (ménages modestes), plus fort est le taux, et plus le taux remonte, plus les capacités de remboursement diminuent. Et les banquiers savaient de prime abord qu'ils ne seraient pas remboursés puisqu'ils avaient décidé avec la Fed que les taux allaient remonter. Ce qui s'est passé en 2006/2007.

Il s'agit donc d'une escroquerie monumentale montée de toutes pièces par les banques américaines ce que confirmera plus tard la justice américaine (voir plus bas).

Les ménages n'auraient évidemment pas dû signer ces contrats auxquels ils ne comprenaient rien. Ils ne voyaient que la concrétisation de leurs rêves de logement. En revanche, ceux qui les faisaient signer savaient très bien à quel danger ils exposaient leurs clients, en raison de la hausse - organisée par les autorités monétaires - des taux d'intérêt. Avec pour conséquence, comme on l'a su quelques années plus tard :

"...la crise des subprimes (qui) a mis à la porte quelque 9 millions d'Américains, 15% des habitants à la soupe populaire, 5% de la population engrangeant 85% de la richesse nationale et la croissance exponentielle de homeless qui dorment dans des cartons..." (Source : les-crises.fr du 11 décembre 2016)

Et aussi :

Depuis la crise de 2008, le nombre d'Américains qui reçoivent des allocations pour acheter de la nourriture est passé de 28 millions à 45,4 millions. C'est une augmentation de 62 %. Un Américain sur sept est désormais concerné (lettre Santé Nature Innovation de Janv.2016).

Un an plus tard, on parle de 60 millions d'Américains vivant dans ces conditions.

Ce que les banques n'avaient pas prévu, c'est l'ampleur et la rapidité du désastre. Ce qu'elles n'avaient pas prévu, c'est qu'elles seraient à l'origine de l'éclatement de la bulle immobilière par les ventes massives de biens destinées à rentrer dans leurs fonds, en application de la clause hypothécaire, entraînant bien évidemment la dépression du marché.

En voici l'organisation technique :

Les agences de crédit - filiales des banques américaines pour la plupart - ont cédé au fur et à mesure leurs titres hypothécaires à des sociétés spécialisées (principalement, Fannie Mae et Freddie Mac) qui les ont titrisés et mélangés à d'autres valeurs et cédés par millions, inondant ainsi les banques, fonds de pension, compagnies d'assurance, etc. du monde entier, appâtés par des taux d'intérêts mirobolants.

La veille de la crise, encore, les agences de notation donnaient les meilleures notes à ces titres, appelés "pourris" les jours suivants.

Mais les banques et autres détenteurs (fonds de pension, compagnies d'assurance, etc.) se sont retrouvés pris dans le piège d'actifs toxiques détenus en grande quantité, provenant de garanties accordées antérieurement ou d'acquisitions devenues soudainement malheureuses.

Une seule banque a coulé, Lehman Brothers, banque d'investissement. Voici ce que l'on peut lire sur Wikipedia :

> *À partir d'août 2007, Lehman Brothers essaie de solder sans succès ses positions sur les crédits immobiliers à risque, suite de la crise des subprimes. Les pertes engendrées par ces positions conduisent la banque à vendre pour six milliards USD d'actifs. Dès le début 2008, la banque est soumise à des attaques spéculatives de la part de certains hedge funds qui vont en s'amplifiant durant l'année. En septembre, sa capitalisation boursière chute alors de 77 %. Les pertes cumulées de la banque poussent la direction à rechercher un repreneur mais sans résultat.*

Il convient également de noter que Fannie Mae et Freddie Mac, les géants du marché hypothécaire, se sont lancés assez tardivement dans les *"subprimes"*, en 2006, soit au plus haut des prix de l'immobilier (Le Monde du 20 février 2011). On peut donc raisonnablement supposer qu'il s'agit d'une mesure prise à la dernière minute par le gouvernement américain pour sauver les banques de la faillite.

Les dégâts ont été considérables en raison du nombre élevé (vraisemblablement plusieurs dizaines de millions) de subprimes en circulation.

La priorité de nos banques centrales semble bien être la défense des intérêts du secteur bancaire et le cas échéant d'en faire supporter les erreurs sur les Etats, c'est-à-dire aux frais du contribuable quand elles n'ont pas été camouflées dans des "structures de défaisance" avec la garantie de l'Etat. En France on ne manque jamais de vocabulaire quand on ne veut pas appeler un chat : un chat. Les anglais, plus directs les appellent des "bad banks".

Les banques françaises ont été plus rapides que celles d'autres pays européens, car aidées par la Banque de France elles ont pour l'essentiel apporté les titres toxiques - avant la clôture de l'exercice 2008 - à une coquille vide détenue par notre Banque nationale, rapidement transformée en Société de Financement de l'Economie Française (SFEF). On notera que le choix de la dénomination ne manque pas d'humour. On se moque vraiment de nous !

En échange, les banques françaises ont reçu des titres qui ont servi de collatéraux - puisqu'ils avaient l'aval de l'Etat - alors que les toxiques n'étaient plus acceptés en garantie. C'était le but de la manip !

A titre de contre-exemple, il faut savoir que l'affaire Dexia a coûté plusieurs milliards d'euros à la Belgique et à la France.

"Selon la Cour des comptes, la faillite de Dexia, a coûté au moins 6,6 milliards d'euros à l'État français et au moins autant à l'État belge" Source : Wikipedia.

Voici ce que l'on pouvait lire dans la Tribune.fr le 4 octobre 2011 :

Le groupe bancaire franco-belge Dexia va être démantelé entre d'une part une "bad bank" hébergeant ses actifs toxiques et d'autre part plusieurs entités séparées, a indiqué mardi le syndicat belge CSC sur la base d'informations fournies par la direction. Interrogé par Latribune.fr, un cadre de l'établissement évoque une "faillite organisée".

"On va créer -enfin- une structure pour héberger les actifs problématiques -une bad-bank- qui serait établie en France sous garantie de l'Etat français et de l'Etat belge", a indiqué dans un communiqué le premier syndicat belge, à l'issue de deux réunions avec la direction de Dexia à Bruxelles.

Dans cette affaire, on a peu entendu parler de subprimes. Le secteur bancaire n'aime pas faire connaître ses affaires quand elles sont mauvaises. L'attention a été plutôt portée sur les prêts que Dexia a accordés aux collectivités locales en francs suisses pour les faire bénéficier d'un taux d'intérêt avantageux, mettant celles-ci en difficulté lors de la remontée brutale du cours du franc suisse (20%) en janvier 2015.

Mais, on peut être sceptique sur les causes avancées de la faillite de la banque Dexia, car il est fort probable (c'est le métier des banquiers) que la couverture €/CHF ait été engagée à terme sur la base des échéances, les pertes restant à la charge des collectivités, les profits revenant à la banque.

Aujourd'hui, le secteur bancaire à l'étranger est encore gorgé de ces titres toxiques n'ayant pas eu l'habileté et la rapidité des banques françaises pour s'en débarrasser. On étudie la question de savoir comment les renflouer sans faire appel aux actionnaires. C'est le cas en Allemagne avec la Deutsche Bank, la Commerzbank et les réseaux allemands des Sparkassen (Caisses d'épargne) ainsi qu'en

Italie où la plupart des banques sont en grande difficulté et même au bord de la faillite (Banca Monte dei Paschi di Siena). La Grèce n'a pas été épargnée par le tsunami monétaire !

En revanche, les Etats-Unis n'ont pas réussi à les dissimuler. C'est qu'en effet des informations dignes de foi, non démenties, ont fait état d'une situation de quasi-faillite de la Fed et de sa mise sous la protection du Trésor américain le 6 janvier 2011. Il faut savoir que c'est elle qui a racheté les titres « subprime » de Fannie Mae et Freddie Mac, les sauvant ainsi de la faillite à ses dépens.

Une de ces sources parmi d'autres : tribuforex.fr, nous dit le 1er avril 2011 :

... la Fed depuis le 6 janvier 2011 s'est placée sous la protection du Trésor. En effet, la Fed a acquis pour 1 250 milliards de dollars de Mortgage Backed Securities (MBS, des obligations adossées à des hypothèques), alors que ses fonds propres ne sont que de 50 milliards de dollars, soit un rapport de 25 (1 250/50)...

Au 31/12/2015, il apparaissait au bilan de la Fed la somme de 1.800,5 mds $ à la rubrique MBS, soit une augmentation de 45% d'actifs pourris en 5 ans. On peut supposer qu'aujourd'hui ils sont tous là ! Mais, comme aucune dépréciation n'a été constatée le contribuable américain n'a pas encore été sollicité. Le plus fort de cette histoire étant que les commissaires aux comptes continuent à approuver chaque année les comptes comme si de rien n'était.

Enfin, il faut savoir que la justice américaine a engagé des poursuites avec succès (amendes de plusieurs dizaines de milliards de dollars) contre des banques américaines (notamment JP Morgan, Citigroup, Bank of

America, les plus importantes.) reconnues coupables d'escroquerie dans l'affaire des "subprimes". (Source : Le Monde.fr avec AFP du 14.07.2014). La preuve de l'escroquerie est là.

Ces amendes ont servi à dédommager *certains propriétaires,* le régulateur des prêts immobiliers aux USA (FHFA) et à éponger une partie des dettes de Fannie Mae et Freddie Mac, pour l'essentiel.

Alors, on est en droit - nous contribuables européens - de se poser la question de savoir pourquoi les autorités européennes n'ont pas engagé d'action en justice contre ces mêmes banques américaines qui sont à l'origine de l'émission et la diffusion en **Europe** des actifs toxiques "subprime" pour les dégâts causés dont Dexia est l'exemple flagrant ?

Observation n° 8

Ce n'est pas l'éclatement de la bulle immobilière américaine qui est à l'origine de la crise mondiale de 2008, mais des malversations bancaires condamnées par la justice des Etats-Unis. Et les dizaines de milliards de dollars d'amendes n'ont pas toujours servi à indemniser les victimes de cette gigantesque escroquerie, jetées à la rue par les banques en exécution de la garantie hypothécaire.

Pour que de telles opérations délictueuses ne se renouvellent, il paraît important de réformer le système bancaire et monétaire (voir chapitre B7).

2 – La monnaie et la création monétaire

Si vous lancez une recherche sur le site de la Banque de France sur "création monétaire" vous serez surpris de constater qu'il n'existe aucune véritable réponse à la question. Comment peut-on passer sous silence, au cœur même de l'Institut chargé de l'émission monétaire, un sujet aussi important et vital pour l'économie ?

La monnaie est classée en deux catégories qui se distinguent par leur caractère concret ou abstrait :

- La monnaie fiduciaire, comprenant,

    . La monnaie divisionnaire, ce sont les pièces de monnaie,

    . La monnaie papier, ce sont les billets,

Sa forme même lui donne son caractère concret. Elle peut se transmettre comme n'importe quelle marchandise. Elle est faite pour circuler et circule hors du champ bancaire,

- La monnaie scripturale,

Traitant de valeurs et de chiffres, monnaie scripturale peut se traduire par monnaie issue d'écritures comptables. Elle est effectivement créée, transférée et détruite par voie d'écritures comptables, et c'est ce qui lui confère son caractère abstrait. Elle ne sort pas du champ bancaire et pour se transmettre elle nécessite un support : chèque, virement, lettre de change, carte bancaire ou autre support magnétique, etc.

La somme des monnaies fiduciaire et scripturale (dépôts à vue DAV) en **circulation** constitue une masse monétaire appelée agrégat. Cet agrégat est désigné sous le symbole **M1**. Il est assez facile à mesurer.

Reprenons ces trois formes de monnaie.

a) - la monnaie divisionnaire (les pièces) est frappée en France par « Monnaie de Paris ».

Elle est livrée par le Trésor Public à la Banque de France qui en crédite le compte dans ses livres, pour sa valeur faciale. Elle est ensuite remise aux banques de dépôts qui les délivrent à leurs clients. Depuis l'avènement de l'euro, cette monnaie fait l'objet de quotas fixés par la Banque Centrale Européenne (BCE) par pays,

b) - la monnaie papier (les billets) est généralement fabriquée et mise en circulation par la Banque Centrale du pays d'émission, sur la base de quotas fixés ici également par la BCE pour la zone euro,

Les billets émis et en circulation sont portés au passif du bilan de l'Institut d'émission, constatant ainsi une dette envers leurs détenteurs. C'est plus une affaire de comptabilité qu'une véritable dette, dette de quoi ? Sûrement pas de rembourser en or ou en devises. Seulement de remplacer les vieux billets usagés par des neufs ou de les échanger contre une nouvelle monnaie en cas de changement (franc contre euro, par exemple). La Banque de France ne nous garantit même pas la conservation de sa valeur contre l'érosion monétaire.

c) - la monnaie scripturale est créée :

- soit par la Banque centrale ou Super-banque, et on l'appelle alors **monnaie centrale**,

- soit par les banques commerciales, et on l'appelle alors **monnaie secondaire ou bancaire**, pour bien marquer la hiérarchie entre les deux.

Ces deux monnaies, centrale et secondaire, s'échangent dans deux zones distinctes, comme s'il s'agissait de compartiments étanches. La monnaie centrale ne s'échange qu'entre titulaires de comptes ouverts à la

Banque centrale : les banques et le Trésor. De même que la monnaie secondaire ne s'échange qu'entre titulaires de comptes ouverts dans une banque de dépôts : les agents non bancaires (ANB).

C'est une particularité de la monnaie scripturale qui semble échapper aux spécialistes, même les plus reconnus. Elle a des conséquences extraordinaires - qui passent inaperçues - sur l'économie en ce qui concerne le pouvoir de la banque centrale sur l'émission monétaire et sur l'inflation et elle est à l'origine des trappes à liquidités. Nous y reviendrons plus longuement.

Le pouvoir de création de monnaie **scripturale** est reconnu à la Banque centrale (cela va de soi). Mais il est aussi "abandonné" aux banques de dépôts. Il s'exerce par le fait que ces banques, à l'instar de la Super-banque, ont la faculté de "tirer" sur elles-mêmes, au sens le plus large du terme. C'est là un fait capital dont on ne semble pas ou ne veut pas mesurer toute la portée. En termes techniques, "tirer" sur soi pour une banque veut dire qu'elle n'a aucun besoin d'un compte approvisionné, comme tout un chacun, pour s'acquitter de ses dettes. Elle tire sur ses propres caisses et on verra plus loin que ce terme de "tirer sur ses caisses" a une portée fantastique, presque illimitée.

Le pouvoir de créer la monnaie donne aux banques, en théorie, celui d'acheter n'importe quel bien en n'importe quelle quantité en s'acquittant de leur dette, ainsi que nous allons le voir, par la simple inscription du montant de la transaction au crédit du compte du vendeur ou cédant, directement (compte ouvert dans la banque) ou indirectement (par le biais de la compensation sur le marché interbancaire). C'est un aspect caché et inavoué de la création monétaire qui nuit à la mesure de la masse en circulation, comme on le verra également plus loin.

Ce pouvoir absolument formidable, s'accompagne évidemment d'une réglementation qui se veut stricte. Elle fixe notamment un ratio de solvabilité qui limite le montant des engagements auxquels une banque peut s'exposer.

Voyons à présent comment est créée la monnaie scripturale.

Il existe 3 sources de création de monnaie scripturale, que pratiquent tant l'Institut d'émission que les banques de dépôts :

- **le crédit consenti**,

- **l'achat de devises étrangères**,

- **l'activité propre des banques** (centrale ou de dépôts), si la somme de leurs actifs propres est supérieure à celle de leurs passifs propres,

La destruction s'opère à l'inverse, quand les crédits sont remboursés, quand les devises sont cédées ou revendues et enfin quand les actifs propres des banques sont inférieurs à leurs passifs propres.

Si les deux premières sont bien connues des spécialistes, il n'en va pas de même de la troisième source sur laquelle il règne le silence d'un cimetière !

La caractéristique de cette troisième source de création et de destruction monétaires, est que la banque **monétise** ses dépenses (pertes) et **démonétise** ses recettes (profits), ce que jusqu'à présent personne n'a compris ou osé dire. Ainsi, par exemple, elle crée de la monnaie quand elle verse les salaires de son personnel en créditant leurs comptes et elle détruit de la monnaie lorsqu'elle débite les comptes de ses clients des intérêts, agios et autres frais qui lui sont dus. Bref, la banque monétise chaque fois qu'elle achète et qu'elle paie et démonétise chaque fois qu'elle vend et qu'elle encaisse.

Prenons l'exemple de l'activité d'assurance d'une grande banque. Elle détruit de la monnaie lorsqu'elle encaisse les primes de ses clients (débit de leur compte) et la crée quand elle les reverse à sa filiale – la Cie d'assurance - (crédit de son compte) pour le compte de laquelle elle les a encaissées.

La création ainsi que la destruction de monnaie **scripturale** par les banques (centrales ou secondaires) obéit à une règle générale que l'on peut écrire comme suit :

Toute augmentation de l'actif, toute dépense et toute diminution du passif de ces banques se traduisent nécessairement par une création monétaire, tandis que toute augmentation de leur passif, toute recette et toute diminution de leur actif, se traduisent symétriquement par une destruction monétaire. Car, ces opérations se font ou se défont par l'inscription, dans un sens ou dans l'autre, directement ou indirectement, aux comptes de dépôt à vue (DAV) des banques par la Super banque et aux comptes de dépôt à vue (DAV) des agents non bancaires par les banques.

L'Institut d'émission et les banques procèdent donc de même pour émettre la monnaie. La différence est que la Super-banque crée de la monnaie centrale, à destination des banques, tandis que les banques de dépôts créent de la monnaie secondaire, à destination des agents non bancaires (ANB), dont font également partie les établissements financiers.

Notons que les banques centrales de la zone euro ne sont pas autorisées par la loi (Maastricht) à émettre de la monnaie en faveur de leur Trésor Public. Celui-ci doit faire appel aux marchés pour se financer. Il s'agit là d'une mesure prise en faveur du capital puisque les intérêts sont prélevés sur l'activité de production (PIB). Les intérêts composés ne cessent de croître de manière exponentielle (43,8 mds€ en 2015) quand l'endettement public en s'élevant met en danger les grands équilibres macroéconomiques du pays.

> *La dette publique, « au sens de Maastricht » estimée par l'Insee, a été évaluée à la fin du deuxième trimestre 2016 à 2 170,6 milliards d'euros, soit 98,4 % du PIB* (Source : Wikipedia)

> *... si l'Etat français s'était endetté à taux nul notre dette publique brute, aujourd'hui, eût été de 28,5% du PIB en 2011 (au lieu de 86%) toute chose égale par ailleurs... Elle serait aujourd'hui de moins de 40%* (Source : alaingrandjean.fr/2017/03/03)

On examinera tout d'abord les opérations monétaires que pratiquent les banques commerciales avec les agents non bancaires, en reprenant les trois sources de la création monétaire que sont les concours des banques à l'économie : le crédit, les échanges de devises contre monnaie nationale et l'activité propre des banques.

2.1 - la création monétaire par le crédit

La forme la plus couramment admise de la création monétaire réside dans le crédit accordé par les banques aux agents non bancaires.

Qui n'est allé trouver son banquier pour obtenir un prêt, soit pour acheter une nouvelle voiture, soit pour faire de gros travaux dans son habitation, soit encore pour acquérir un logement ou pour tout autre motif ? Comme notre compte se trouve dans une banque de dépôts, voici comment notre banquier procède pour mettre à notre disposition, par exemple, la somme de 10.000 euros qu'il nous a accordée après étude de notre dossier. Il va tout simplement créditer notre compte du montant du prêt. Il ne faut pas croire qu'il va chercher à se procurer les fonds nécessaires (même s'il s'agit de dizaines ou de centaines de millions), il n'en a pas besoin, tout au moins dans un premier temps tant que la monnaie reste chez lui.

Il crée la monnaie correspondante.

Pour cela, il passe une écriture comptable complète. Ce n'est pas plus difficile que cela !

Le banquier inscrit à l'actif de son bilan la créance (engagement de rembourser de l'emprunteur) de 10.000 euros, **contrepartie** d'une somme de même montant qu'il inscrit au crédit du compte de dépôt à vue (DAV) de son client **A**, à son passif.

C'est ainsi que nait la monnaie scripturale. Par définition, cette monnaie mise à la disposition du client sur son compte courant est une simple promesse de payer faite par la banque.

Tous les banquiers créateurs de monnaie pratiquent de la sorte lorsqu'ils consentent des crédits aux ménages, aux entreprises, à l'étranger ou bien quand ils prêtent de l'argent à des établissements financiers non créateurs de monnaie. La Banque de France faisait de même autrefois, quand elle consentait des avances à l'Etat, avant que cela ne lui soit interdit, d'abord par la loi de 1973 appelée loi Pompidou-Giscard, puis définitivement par la réglementation européenne (Traités de Maastricht et de Lisbonne).

C'est ainsi que la banque crée de la monnaie, à la différence de l'établissement financier qui ne fait que prêter de la monnaie dont il dispose sur un compte nécessairement ouvert et approvisionné dans une banque pour ce faire (cf. chapitre B4 "L'organisation du système bancaire" plus bas).

La monnaie est détruite par la banque lorsque les prêts sont remboursés. Au moment du remboursement partiel ou total, le banquier passe l'écriture inverse dans ses livres, annulant ainsi partiellement ou totalement l'écriture d'origine.

C'est ainsi que le crédit à l'économie est la première contrepartie de la monnaie, ce qui est fondamental.

2.2 - la création monétaire liée aux échanges de devises contre monnaie nationale

Il y a création monétaire chaque fois qu'un agent non bancaire vend à sa banque des devises étrangères, et destruction monétaire chaque fois qu'il en achète, avec toutefois une exception : l'échange de monnaie fiduciaire nationale contre monnaie fiduciaire en devises est sans influence directe sur la création monétaire. Seuls sont visés ici les échanges portant sur les monnaies dans leur forme scripturale.

Ainsi, par exemple, lorsque l'exportateur cède à sa banque les devises qu'il reçoit de son client étranger, il est crédité d'une somme en monnaie nationale résultant de la conversion d'une monnaie dans l'autre à un cours de change déterminé. En contrepartie du crédit porté au compte de l'exportateur, la banque inscrit les devises à l'actif de son bilan. L'écriture comptable correspondant à cette opération de change se distingue de la précédente à l'actif de la banque : il s'agit dans le premier cas exposé plus haut d'une créance sur un agent économique X et dans le cas présent d'une devise étrangère que l'on peut assimiler à une créance à vue sur un pays Y.

Prenons l'exemple d'un exportateur, agent **A**, qui cède à sa banque 1.200 \$ qu'il reçoit de son client étranger, il est crédité d'une somme en monnaie nationale (euro) résultant de la conversion d'une monnaie dans l'autre à un cours de change déterminé, supposé ici de 1,2 dollar contre 1,0 euro. En contrepartie du crédit porté au compte de l'exportateur, la banque inscrit les devises à l'actif de son bilan.

Inversement, la banque détruit la monnaie quand elle vend les devises contre monnaie nationale aux agents non bancaires. Les écritures comptables sont alors inverses de celles données au-dessus.

Pour les banques de dépôts, les devises étrangères représentent des disponibilités transformables immédiatement en monnaie centrale auprès de l'Institut d'Emission. C'est qu'en effet, la Banque centrale, en dernier lieu, rachète les excédents ou bien cède les insuffisances de devises au plan national. Elle gère ainsi les réserves en devises du pays. Notons ici que les devises passant du bilan des banques à celui de la Banque Centrale, la **contrepartie** (devises) de la monnaie secondaire passe des banques à la Super-banque, sans que la masse de monnaie secondaire (M1) ne change. La monnaie centrale devient la nouvelle contrepartie de la monnaie émise lors de la transaction initiale.

Seule la Fed, Banque centrale des Etats-Unis, ne détient pas de réserves de devises à proprement parler, exception faite d'un montant relativement peu élevé (0,5% de ses actifs en 2015) qui ne saurait avoir le caractère de réserves. Il convient de préciser que les Etats-Unis ne commercent que dans leur monnaie, c'est la raison pour laquelle ils n'ont pas de devises provenant de leurs exportations, comme les autres pays.

C'est ainsi que les avoirs en devises, autre forme de crédit à l'économie, constituent la seconde contrepartie de la monnaie.

2.3 - la création et la destruction monétaires propres à l'activité bancaire

On vient d'examiner les deux sources, les plus connues dans le milieu des spécialistes, de la création et de la destruction monétaires. Sur la troisième source que l'on aborde à présent, il règne le silence d'un cimetière, a-t-on dit. Et pour cause !

D'une manière générale, le banquier crée ou détruit de la monnaie chaque fois qu'il pratique un échange avec un tiers (agent non bancaire, y compris donc les établissements financiers) dans l'exercice de son activité. Comment pourrait-il en être autrement puisque les banques ne disposent d'aucun compte alimenté comme il en est pour quiconque ! En fait, il débite ou crédite, selon le sens, directement dans ses comptes ou indirectement par le biais de la compensation sur le marché interbancaire, les comptes de ces tiers en contrepartie de ses opérations propres. Le lecteur trouvera au chapitre 4 « L'organisation du système bancaire » toutes informations utiles sur la compensation.

Il faut bien voir qu'au sommet de la pyramide, il n'y a plus d'"interface" si l'on peut dire, et les banques en occupent le sommet comme la Super-banque. Il en serait tout autrement si la Banque centrale imposait aux banques de dépôts l'usage d'un compte dans ses livres **soumis aux mêmes règles** de dépendance que celles que connaissent tous les usagers. Un compte qui servirait à tous les paiements et encaissements, sans exception. Elle contrôlerait ainsi *ipso facto* l'émission monétaire sans aucune défaillance possible.

Ainsi, lorsqu'il achète un bien ou une valeur ou encore quand il s'acquitte des salaires de son personnel ou des services de ses fournisseurs, il suffit au banquier de créditer chez lui ou de faire créditer chez un confrère un ou plusieurs comptes de dépôts. Cet acte emporte en lui-même création monétaire. Il s'agit alors d'une augmentation de ses actifs ou d'une dépense enregistrée au <u>débit</u> de son compte d'exploitation.

En ce qui concerne les produits d'exploitation, la banque détient les comptes de la plupart de ses clients, en partie fidélisés par les prêts qu'elle leur a accordés ; elle peut donc débiter directement leur compte courant des agios, intérêts et commissions de toutes sortes qu'elle leur facture. Cet acte emporte en lui-même destruction monétaire. Il s'agit alors d'une dépense enregistrée au <u>crédit</u> de son compte d'exploitation.

Bref, la banque crée de la monnaie chaque fois qu'elle achète ou qu'elle paie et la détruit chaque fois qu'elle vend ou qu'elle encaisse.

La caractéristique de cette troisième source de création et de destruction monétaires, est que la banque **monétise** ses pertes et **démonétise** ses profits, ce que jusqu'à présent personne n'a compris ou osé dire.

En principe, une banque ne peut jamais être en rupture de paiement, puisqu'elle crée la monnaie. Les besoins de monnaie centrale répondent à d'autres nécessités et sont soumis à des règles qui ne s'exercent pas dans le domaine de la monnaie secondaire. C'est ce que l'on verra au chapitre B5 "Les banques centrales".

Il faut attendre que le ratio de solvabilité, dit ratio Cooke modifié par les accords de Bâle II, soit détérioré pour que la banque soit déclarée en difficulté. C'est ce qui s'est passé, il y a quelques années, quand les banques nipponnes et aussi notre Crédit Lyonnais ont dégagé de telles provisions pour dépréciation qu'elles se sont retrouvées en pertes. Quand ces banques ont prêté ou bien acquis des actions et autres actifs, leur bilan était équilibré et remplissait les normes exigées par les autorités monétaires. Le problème n'a surgi qu'au moment où les valeurs d'actifs ont été dépréciées entraînant une baisse équivalente de leur passif (pertes).

Le dernier exemple en date est celui des crédits hypothécaires américains, dits "subprimes", qui secoue les milieux bancaires et financiers internationaux depuis l'été 2007. Dans cet exemple, il n'a pas fallu attendre que le ratio de solvabilité soit détérioré, les banques l'ayant anticipé. C'est qu'en effet, les titres habituellement donnés en garantie par les banques emprunteuses ont été refusés par leurs consœurs prêteuses, car ces titres dits" toxiques" se trouvaient *de facto* dépréciés.

Dans le cas précis de la dépréciation, il n'y a ni création ni destruction monétaire, puisque la diminution de l'actif bancaire est compensée par une diminution du passif. En supposant que la dépréciation soit suivie d'une perte pour créance irrécouvrable, la contrepartie monétaire de la créance d'origine est remplacée par une perte à la banque, soit donc une contrepartie de substitution à la monnaie créée, toujours en circulation.

Rappelons la règle : La banque monétise ses pertes et démonétise ses profits. Tout cela s'emboîte parfaitement comme les pièces d'un puzzle.

C'est ainsi que les actifs propres sous déduction des passifs propres des banques, constituent la troisième contrepartie de la monnaie.

Observation n° 9

Les deux monnaies scripturales - centrale et secondaire - circulent dans deux zones séparées.

La monnaie centrale ne s'échange qu'entre titulaires de comptes ouverts à la Banque centrale : les banques et le Trésor. De même, la monnaie secondaire ne s'échange qu'entre titulaires de comptes ouverts dans une banque de dépôts : les agents non bancaires (ANB).

Cette particularité de la monnaie scripturale a des conséquences étonnantes et ignorées sur l'économie, ainsi que nous le verrons au B5.

3 – L'épargne

Pour le grand public, l'épargne se présente sous diverses formes de placements pouvant aller du compte d'épargne au bien immobilier, en passant par les obligations, les bons, les fonds communs de placement, les actions, l'assurance vie, les métaux précieux, les bijoux, les œuvres d'art, les meubles rares, etc.

Pour les professionnels qui en font métier : les banques, les établissements financiers, les compagnies d'assurances, les courtiers, et autres, l'épargne *monétaire* des ménages ou des entreprises représente des fonds à collecter dans le but d'en tirer un profit, c'est-à-dire un différentiel d'intérêt ou marge de profit.

Ainsi donc, le public et les professionnels n'ont aucune raison particulière de s'intéresser aux effets macroéconomiques de l'épargne qui sont pourtant d'une importance vitale pour l'économie d'un pays ainsi que nous l'avons vu au chapitre A1 "Une loi macroéconomique pour piloter la croissance".

Il n'y a pas d'épargne sans revenu puisque celle-là est prélevée sur celui-ci.

On l'a vu, l'épargne est un des plus puissants facteurs monétaires de ralentissement de l'activité de production, tandis qu'au contraire l'investissement (plus précisément le crédit) est un des plus puissants facteurs d'accélération. La dynamique du processus économique s'explique en partie par la dualité existant entre ces deux grandeurs qui sont interdépendantes en l'absence de monnaie permanente.

A notre connaissance, il n'existe pas (en France, et probablement ailleurs) d'autre définition chiffrée de l'épargne que celle qu'en donne l'Institut National de la

Statistique et des Etudes Economiques (Insee). La Banque de France pour sa part, dans ses publications mensuelles, nous communique des données chiffrées sur les placements d'épargne et autres, mais ne nous donne aucune information sur **l'épargne monétaire** proprement dite, celle dont nous parlons ici.

L'épargne telle qu'elle est définie par la Comptabilité Nationale correspond à l'épargne (ou revenu disponible non utilisé) de tous les agents économiques avant investissement (sous toutes ses formes, y compris le logement). Cette définition n'a donc pas échappé à l'influence de la théorie de l'égalité de l'épargne et de l'investissement, puisqu'elle est donnée avant investissement, laissant ainsi entendre que l'épargne sert à le financer, ce qui est totalement faux ainsi que nous avons pu le vérifier au chapitre A1"Une loi macroéconomique pour piloter la croissance".

En ce qui nous concerne, la définition que nous avons donnée de l'épargne *monétaire*, notamment des ménages, diffère de la définition officielle. Elle est égale au revenu des ménages sous déduction de leur consommation, bien sûr, mais aussi de l'investissement dans la mesure où il alimente l'activité de production (PIB), tel le logement neuf. Celui-ci est un bien de consommation à long terme et son amortissement n'a rien à faire dans le calcul de l'épargne *monétaire* des ménages.

A ce stade de l'analyse, il n'y a donc d'épargne qu'une : ni brute, ni nette.

Cette définition de l'épargne s'étend en tout cas à celle des deux agents économiques : les ménages et les entreprises (l'étranger bénéficiant d'un régime particulier puisqu'il n'a pas de revenu sur le territoire national).

L'épargne est donc la fraction du revenu non utilisé à l'activité de production, c'est-à-dire à la consommation (des ménages) et à l'investissement (des ménages et des entreprises). Car, la fraction du revenu qui n'est pas consacrée à l'activité de production est nécessairement couverte par le crédit pour un même niveau de production. Si elle n'est pas couverte, elle est en baisse et inversement si elle est sur-couverte, elle est en hausse.

En conclusion, la Comptabilité Nationale donne une définition comptable inexacte de l'épargne, car en procédant par compensation elle passe sous silence, de manière délibérée, deux facteurs essentiels au financement du PIB : les crédits à l'économie et l'épargne, celle-ci comprenant la désépargne et l'épargne forcée ; ce qui témoigne d'une grave carence de la mesure.

Enfin, on doit distinguer au moins deux sortes d'épargne :

- l'épargne préalable ou épargne de précaution et

- l'épargne forcée, c'est-à-dire celle qui est destinée au remboursement des emprunts antérieurs, sachant en outre que cette épargne donne lieu à destruction monétaire si l'emprunt a été accordé par une banque.

On verra qu'elles n'ont pas les mêmes effets monétaires sur l'économie.

Nous avons dit qu'il n'y a pas d'épargne sans revenu puisqu'elle est prélevée sur celui-ci. On peut ajouter que l'épargne prélevée sur les revenus de l'activité de production ne peut être que monétaire.

Cela peut se vérifier aisément si l'on considère l'activité financière. Prenons, le cas des transactions sur biens mobiliers ou immobiliers **existants** qui alimentent amplement les placements d'épargne. Si leurs acquisitions constituent un placement (ou un projet spéculatif) pour les uns, leurs cessions correspondent très exactement à une "désépargne" (ou à un dénouement spéculatif) pour les autres. Pour un cessionnaire, il y a toujours un cédant. On est donc en présence d'un simple transfert de monnaie réglant un échange de patrimoine.

Si la banque n'est pas partie prenante à la transaction, celle-ci donne lieu à transfert de compte à compte (de DAV à DAV). Dans l'hypothèse où le cessionnaire fait appel à un crédit bancaire pour acquérir le bien, il y a de surcroît création monétaire. Le crédit est très souvent sollicité pour l'acquisition d'un bien immobilier. Il est aussi très largement utilisé dans les opérations de report de bourse et de change, ce qui prouve bien que la création monétaire n'a pas comme source exclusive l'activité de production, comme tout le monde le suppose et ainsi qu'on l'a déjà souligné.

Ce qui nous amène à examiner l'épargne bancaire.

Nous définissons **l'épargne bancaire** comme toute somme déposées par un ANB, sans contrepartie, c'est-à-dire sans l'acquisition d'un titre quelconque (certificats de dépôt, billets de trésorerie, Sicav, etc.), car l'achat d'un titre peut s'assimiler à un échange de monnaie entre 2 ANB, la banque servant alors d'intermédiaire rémunéré.

La monnaie est mesurée en agrégats : la masse M1, la masse M2 et la masse M3 qui s'empilent comme des poupées russes :

   - M1 = les pièces en circulation + les billets + les dépôts à vue (DAV) ; on ignore par exemple quelle partie de M1 est épargnée par les ANB ; par suite d'événements extraordinaires tels que le renversement de dictateurs (Saddam Hussein en Irak, Kadhafi en Lybie, Ben Ali en Tunisie), on apprend qu'ils détenaient des sommes fabuleuses en tonnes de billets de banque (dollars, euros, yens,) découvertes dans leurs coffres forts, après leur chute,

- M2 = (M1) + Dépôts à prévis ≤ 3 mois + dépôt à terme ≤ 2 ans, soit les dépôts à terme (DAT) ; c'est (hors M1) la part mesurée et connue de l'épargne bancaire,

- M3 = (M2) + Titres de créances >2 ans (certificats de dépôt, billets de trésorerie, bons du Trésor) + OPCVM + Pensions ; cet agrégat contient les dépôts de sociétés financières, ce qui rend difficile la mesure de l'épargne bancaire proprement dite,

De plus, il existe 3 agrégats supplémentaires connus sous le nom de "*Placement*" qui regroupent notamment sous P1 l'épargne contractuelle. Il s'agit de dépôts d'épargne à plus de 2 ans et notamment les plans d'épargne logement. En ce qui nous concerne il s'agit de dépôts dont le terme est supérieur à deux ans, mais dépôt à terme (DAT) tout de même, donc d'épargne bancaire.

L'épargne bancaire ne circule pas. Elle occupe ce que nous appelons des "*parkings monétaires*", néfastes pour l'économie réelle en raison de ses effets de frein. C'est la raison pour laquelle il est capital de la mesurer en vue de sa régulation.

Puisque elle ne circule pas, l'égalité de l'épargne et de l'investissement n'est pas fondée.

On fera appel au bulletin du 1er trimestre 2014 de la Banque d'Angleterre qui révèle notamment ce qui suit :

The vast majority of money held by the public takes the form of bank deposits. But where the stock of bank deposits comes from is often misunderstood. One common misconception is that banks act simply as intermediaries, lending out the deposits that savers place with them. In this view deposits are typically 'created' by the saving decisions of households, and banks then 'lend out' those existing deposits to borrowers, for example to companies looking to finance investment or individuals wanting to purchase houses. In fact, when households choose to save more money in bank accounts, those deposits come simply at the expense of deposits that would have otherwise gone to companies in payment for goods and services. Saving does not by itself increase the deposits or 'funds available' for banks to lend.

Indeed, viewing banks simply as intermediaries ignores the fact that, in reality in the modern economy, commercial banks are the creators of deposit money. This article explains how, rather than banks lending out deposits that are placed with them, the act of lending creates deposits — the reverse of the sequence typically described in textbooks.

La traduction de cet article, pour faire court, dit que :

Contrairement à ce que l'on apprend dans les manuels scolaires, les banques ne prêtent pas les dépôts qu'elles reçoivent de leurs clients.

Ainsi donc, **l'épargne bancaire ne circule pas**.

Et pourtant, les autorités monétaires nous le laissent croire.

Prenons l'exemple de l'épargne réglementée. Nous avons en France le livret A et le livret pour le développement durable, appelée LDD. Ces fonds collectés par les banques doivent être remis à la Caisse des dépôts et consignations (CDC) qui les destine principalement au financement du logement social.

Comment peut-on transférer de l'épargne qui ne circule pas ? C'est possible grâce à un tour de passe-passe. Voici comment, étant rappelé (B2) qu'il existe 2 monnaies et 2 zones de circulation :

La banque opère un virement de fonds (équivalent de l'épargne collectée soumise à réglementation) à la CDC chez la Banque de France où elles ont un compte toutes les deux, **en monnaie centrale**, première zone de circulation.

Ensuite, la CDC crédite sous forme de prêt l'organisme HLM, son client, des sommes destinées à la construction de logements sociaux, par exemple. Ce faisant, elle crée de **la monnaie secondaire** *ex-nihilo* contre un prêt, émission classique de la part d'une banque de dépôt.

L'organisme HLM (ANB) va régler l'entreprise de construction de HLM (ANB, elle aussi) alimentant ainsi la sphère de l'activité de production qui fonctionne exclusivement en monnaie secondaire, deuxième zone de circulation.

Si l'on fait le bilan de l'opération, nous avons d'un côté une épargne bloquée dans des parkings monétaires en banque et de l'autre **l'utilisation supposée** de l'épargne qui en définitive aboutit à une nouvelle création monétaire. Coup double, sans le dire, il faut le faire !

Il est difficile de croire que les autorités monétaires ignorent ce tour de passe-passe. Ou alors elles sont d'une incompétence crasse.

Cet exemple n'est pas le seul. Il y a également le plan d'épargne en actions, tout aussi fumeux.

Observation n° 10

Contrairement à des idées profondément ancrées dans les esprits - y compris chez les banquiers et autres experts - l'épargne bancaire ne circule pas. Elle occupe ce que nous avons appelé des *"parkings monétaires"*, néfastes pour l'économie réelle en raison de ses effets de frein.

On démontre ainsi que l'égalité de l'épargne et de l'investissement n'est pas fondée.

Le bulletin du 1er trimestre 2014 de la Banque d'Angleterre nous confirme : « *Contrairement à ce que l'on apprend dans les manuels scolaires, les banques ne prêtent pas les dépôts qu'elles reçoivent de leurs clients* ».

4 – L'organisation du système bancaire

Le système bancaire est composé des **Institutions financières monétaires** (IFM), soit la Banque centrale et les établissements de crédit et Organismes de Placement Collectif en Valeurs Mobilières (OPCVM) qu'elle dirige. Les établissements de crédit sont les banques commerciales, les banques mutualistes, les sociétés et institutions financières. En Europe, au sein du Système européen de banques centrales (SEBC) il y a un niveau hiérarchique supplémentaire : la Banque Centrale Européenne (BCE) qui coiffe les Banques Centrales Nationales (BCN).

Les établissements de crédit recouvrent donc :

- les banques de dépôts qui créent la monnaie et,

- les sociétés et institutions financières qui se bornent à la faire circuler.

La séparation comptable des unes et des autres n'est pas faite et pourtant elle est essentielle. Les premières créent la monnaie tandis que les seconds ne peuvent que la faire circuler, ainsi que nous avons pu le vérifier. L'amalgame fait ici n'est pas innocent, il relève de l'intention partout présente de dissimuler à l'opinion publique ce qu'est la monnaie, matière éminemment complexe que la puissance monétaire veut absolument conserver taboue.

Ainsi, en réalité, le système est composé d'une Banque centrale, ou d'un groupe de banques centrales en Europe, de banques de dépôts créatrices de monnaie et d'établissements financiers.

Les autorités monétaires entretiennent délibérément la confusion dans deux fonctions distinctes de la monnaie : **les banques créent la monnaie et les établissements**

financiers ne peuvent que la faire circuler. La différence est fondamentale.

Voici ce que dit la loi :

> *La loi française du 24 janvier 1984 précise que les établissements de crédit sont des personnes qui effectuent à titre de profession habituelle des opérations de banque. Celles-ci comprennent la réception de fonds du public, les opérations de crédit, ainsi que la mise à disposition de la clientèle ou la gestion de moyens de paiement. Sont considérés comme fonds reçus du public les fonds qu'une personne recueille d'un tiers, notamment sous forme de dépôts, avec le droit d'en disposer pour son propre compte, mais à charge pour elle de les restituer. Constitue une opération de crédit pour l'application de la présente loi tout acte par lequel une personne agissant à titre onéreux met ou promet de mettre des fonds à la disposition d'une autre personne....*

Il est stupéfiant de constater que dans cette définition, mêlant indistinctement les établissements de crédit, les autorités éludent totalement le principe de la création monétaire qui est à la base du métier de prêteur d'argent des banques de dépôts et ne font aucune distinction entre les banques qui créent la monnaie et les autres établissements qui se bornent à la faire circuler.

La loi dit notamment que *"les personnes* (établissements de crédit) *ont le droit de disposer des fonds recueillis à charge pour elles de les restituer"* alors que c'est impossible pour une banque comme l'a précisé la Banque d'Angleterre (cf. chapitre B3 "L'épargne" au-dessus).

Pour créer la monnaie, les banques doivent remplir les conditions suivantes :

1. elles doivent être banques de dépôts, puisqu'elles émettent de la monnaie scripturale en créditant le compte de dépôt à vue (DAV) de leur client, c'est pourquoi l'on dit que "les crédits font les dépôts",

2. elles mettent des moyens de paiement à la disposition de leurs clients,

3. elles sont domiciliataires, c'est-à-dire que leurs clients peuvent tirer sur leurs caisses (leur domicile),

4. tout comme elles peuvent tirer sur elles-mêmes, ou sur leurs caisses ce qui revient au même,

NB. Au milieu des années 80, en France, les trésoriers de banque reçurent des instructions de leur direction de ne plus tirer de chèques sur la Banque de France, mais sur elles-mêmes (ce que confirme JM Gélain dans son ouvrage "La comptabilité bancaire" page 173).

5. elles ont accès à la compensation du fait qu'elles sont domiciliataires des transactions de leurs clients, et par abus de position elles se servent de la compensation pour régler leurs opérations pour propre compte, ce qui revient à tirer sur elles-mêmes,

6. elles **ne sont donc pas dans l'obligation** d'utiliser leur compte ouvert à la Banque Centrale. D'ailleurs, on verra plus bas (B5.3) que les avoirs des banques commerciales à l'Institut d'émission *"constituent une monnaie particulière qui n'est détenue que par les intermédiaires financiers et **ne sert pas aux transactions"**.*

Les établissements financiers ne peuvent que faire circuler la monnaie, car ils sont **sous la dépendance d'un compte de banque approvisionné** pour effectuer leurs opérations : d'emprunts pour se fournir en monnaie qu'elles destinent à des prêts d'argent à la clientèle. Ainsi, peut-on dire que "les dépôts font les crédits" chez les établissements financiers. Ils ne remplissent en principe aucune des conditions exposées ci-dessus pour créer la monnaie.

Il existe toutefois une exception, existait devrait-on dire, ce sont les comptes chèques postaux (CCP), avant l'avènement de la Banque Postale qui bénéficie du statut de banque.

Voici comment fonctionnaient les CCP, étant précisé que ceux-ci répondaient aux conditions 1) 2) et 3) ci-dessus, sauf qu'ils n'ont jamais prêté d'argent car l'Etat français a toujours disposé des fonds drainés par les CCP, principalement la monnaie scripturale.

Tous les chèques et virements tirés sur une banque quelconque à l'ordre des CCP, étaient endossés à l'ordre du Trésor Public, crédités à son compte à la Banque de France, puis traités en compensation. Inversement, tous les chèques et virements tirés sur les CCP à l'ordre d'une banque quelconque, étaient traités en compensation puis débités au compte du Trésor à la Banque de France.

Si vous faites le bilan des opérations, vous vous apercevrez que le Trésor a disposé ainsi de tous les dépôts (d'épargne, principalement) de la clientèle des CCP. Si cette épargne est liquide, à la différence de celle qui est dans les parkings monétaires bancaires, c'est qu'elle a toujours été **sur un compte extérieur** aux CCP, celui du Trésor à la Banque de France qui s'en est servi tout naturellement. C'était le but de l'opération !

A fin 1996, le solde des comptes réciproques, d'une part au passif du bilan du Trésor Public au compte « Dépôts des services financiers de La Poste » et d'autre part à l'actif du bilan de La Poste au compte « Dépôts au

Trésor », s'élevait à 176,8 milliards de francs. En 7 ans (89/96) il s'est accru de 13%. (Source : Banque de France - Bulletin Hors-série 1996). C'est, semble-t-il, la dernière publication. Il est fort probable qu'aujourd'hui, l'Etat (le Trésor) ait remboursé la dette qu'il avait envers La Poste.

Maintenant voyons pourquoi - techniquement - la monnaie qui se trouve en compte de dépôts à vue (disponibilités) ou à terme (épargne) **en banque ne peut pas circuler, sauf sur ordre des titulaires de ces comptes**.

En créditant le compte de son client d'un prêt qu'elle lui a consenti (1.000 unités monétaires, par exemple) la banque a constaté une créance à son actif. Vous remarquerez qu'elle ne peut pas disposer de la monnaie qu'elle vient de créer, car **la contrepartie : la créance inscrite à l'actif de la banque, n'est pas de la monnaie**. Cette somme ne peut quitter la banque que sur ordre de son client. Si celui-ci émet un chèque à l'ordre d'un fournisseur, il en résultera nécessairement (après compensation) une dette de cette banque envers une banque concurrente de même montant, dans l'hypothèse où le fournisseur n'a pas un compte à la même banque. Cette opération n'est jamais isolée, bien entendu, elle est comprise dans un ensemble de transactions, mais elle est "retraçable". Notre banque devra à une consœur ce qu'elle devait à son client. La monnaie **ne perd jamais sa contrepartie**, jusqu'au remboursement partiel ou total de la créance détenue par la banque sur son client.

Dans tout le système bancaire, les disponibilités en comptes de DAV de tous les clients appartiennent à ces clients, pas aux banques. Puisque ces disponibilités ont pour contrepartie des créances et autres actifs (à l'origine de l'émission monétaire). Profitant de la complexité du système, le pouvoir monétaire nous trompe quand il prétend le contraire.

Enfin, quand les clients de la banque procèdent à des virements de leurs comptes de DAV à leurs comptes d'épargne, **les créances et autres actifs de la banque ne sont plus la contrepartie des seuls DAV mais celle des DAV + les dépôts d'épargne à terme (DAT)**. C'est pourquoi, l'épargne bancaire est une épargne morte, placée sur des parkings monétaires sans utilité pour l'économie, contrairement à ce que l'on veut nous faire croire.

Fort heureusement, comme nous l'avons déjà dit, la Banque d'Angleterre a confirmé notre position sur ce point en précisant que la banque ne prête pas les dépôts de ses clients.

Si les banques ne peuvent pas disposer des fonds de leurs clients, c'est parce qu'ils n'ont pas de contrepartie en monnaie dans une banque extérieure comme dans l'exemple des CCP. Si la Banque centrale imposait aux banques de faire passer chez elle toutes leurs transactions (encaissements et paiements), il en serait tout autrement. Mais ce n'est pas le cas actuellement.

C'est toute la différence entre le sujet et l'objet, pourrait-on dire : la banque tire sur elle-même, tandis que l'établissement financier tire sur sa banque.

En fait, les banques ont réussi à échapper au contrôle de la Banque centrale (et celle-ci ne va pas le clamer sur les toits !) quand elles émettent de la monnaie, et aussi profitant des lacunes de la réglementation, quand elles utilisent le système de la compensation à leurs fins propres (transactions pour propre compte), ce qui est inadmissible. Les seules limites à l'émission monétaire par les banques sont : la demande de monnaie et le ratio de solvabilité.

Le ratio de solvabilité (Ratio Cooke), aménagé par Bâle II, dispose que :

> *« Les établissements de crédit sont tenus de respecter en permanence un ratio de solvabilité, rapport entre le montant de leurs fonds propres et celui de l'ensemble des risques qu'ils encourent du fait de leurs opérations, au moins égal à 8%. (Règlement n° 91-05 du 15 février 1991, dernière modification n°2000-09 du 8 décembre 2000).*
>
> *L'ensemble des risques est représenté par les éléments d'actif et de hors bilan, certains postes d'actif bénéficiant de taux de pondération. Dès que ce pourcentage tombe au-dessous du seuil réglementaire, la banque doit procéder à une augmentation de son capital. »*

Bâle III (en cours) apporte quelques précisions sur les bases - fonds propres - laissant le taux de 8% inchangé.

Pour échapper à cette règle et poursuivre l'activité juteuse de prêt à la clientèle qui autrement se trouverait bloquée, les banques procèdent à des ventes de paquets de créances en vue de leur titrisation. Ces créances sont généralement cédées à leurs filiales qui ont pour mission de les titriser, c'est-à-dire de les regrouper en les mêlant à des créances d'origines diverses, dans le but ultime de les placer sous la forme de titres sur les marchés, dopés par des taux d'intérêt avantageux.

La compensation et les règlements interbancaires

Il faut d'abord savoir que les moyens de paiement (chèques, cartes bancaires, virements, etc.) représentent chaque jour plusieurs dizaines de millions de transactions. Celles-ci sont traitées quotidiennement en chambre de compensation.

La compensation est le moyen pour les banques de connaître en détail et en valeur les ordres passés par leurs clients et de porter à leurs comptes respectifs les transactions correspondantes. Comme pour une même opération il y a toujours deux banques en présence : celle du compte débité et celle du compte crédité. La première devra à l'autre le montant de l'opération. La première sera en position débitrice tandis que l'autre sera en position créditrice.

La compensation permet alors de connaître les positions débitrices et les positions créditrices des banques les unes envers les autres, la somme des positions étant égale à zéro. D'où le terme de compensation.

Celle-ci recouvre trois groupes d'opérations que l'on peut distinguer comme suit :

a) celles qui concernent les transactions entre agents non bancaires effectuées à l'aide d'un support payable dans une banque,

Soit pour chaque transaction, deux banques agissant pour le compte de leur client, <u>sans création de monnaie secondaire</u>, puisqu'il s'agit simplement de transférer une somme d'un compte de dépôt à vue (DAV) à un autre compte de dépôt à vue (DAV), d'une banque à une autre,

b) celles qui se rapportent à des transactions faites entre une banque et un agent non bancaire ayant un compte dans une autre banque,

Soit deux banques dont une agissant pour le compte de son client et l'autre pour propre compte, <u>avec création ou destruction monétaire selon le sens</u>,

c) celles qui concernent des ordres passés par une banque en faveur d'une autre banque, sans relation avec des agents non bancaires,

Soit deux banques agissant chacune pour compte propre, <u>sans monnaie sinon de compte</u>, puisqu'il s'agit en l'occurrence de constater ce que l'une doit à l'autre.

La compensation recouvre **en outre** celles qui impliquent le Trésor Public, quand celui-ci procède à des transactions avec des agents non bancaires (encaissement des taxes et impôts et paiement à ses fournisseurs, par exemple). Ce dernier groupe d'opérations est séparé et nécessite un règlement en monnaie centrale, car elles s'opèrent nécessairement entre les banques et le Trésor à leurs comptes respectifs ouverts à l'Institut d'émission.

Ce cas mis à part, il y a donc nécessairement deux banques qui agissent, chacune d'elles pour le compte d'un client, l'une ou l'autre ou l'une et l'autre pour compte propre, avec pour principale caractéristique de mettre à tout instant et quoi qu'il arrive deux banques face à face, l'une débitrice envers l'autre créditrice.

Il existe 2 systèmes de (télé) compensation :

- Le système CORE (Compensation Retail) appelé aussi STET-CORE, associé au nom de la société de gestion du système (STET) qui traite les moyens de paiement de détail en France. On l'appelle plus couramment « *système de paiement de masse* ». Selon les statistiques de la Banque de France, il y a eu en 2016, en moyenne quotidienne : 56,1 millions de titres de paiement échangés pour une valeur moyenne de 21,4 milliards d'euros.

  Les positions nettes débitrices et créditrices des banques les unes envers les autres sont portées en compte à la Banque de France.

- Target 2 (plate-forme commune aux pays de la zone euro) qui traite les moyens de paiement de gros montants. Toujours selon les statistiques de la Banque de France, il y a eu en 2016, en moyenne quotidienne : 30,9 mille titres de paiement échangés (Target zone euro).

Les positions nettes débitrices et créditrices des banques de la zone euro sont portées en compte aux différentes BCN où les banques ont leurs comptes avec un passage obligé par la BCE.

Le processus de la compensation, **proprement dite**, qui s'achève à ce niveau du traitement, ne fait donc que constater à la Banque de France (CORE) et aux BCN (Target 2) les positions débitrices et créditrices des banques.

Mais, les opérations de compensation dans leur ensemble ne peuvent pas être achevées tant que les positions ne sont pas soldées.

Les positions du CORE sont réglées de gré à gré entre banques **sans garantie**, c'est pourquoi on les appelle opérations en blanc.

En revanche les positions de Target 2 sont réglées sur *les marchés interbancaires*.

Les banques qui sont en positions créditrices consentent des prêts à celles qui sont en positions débitrices. Il n'y a pas d'échange de monnaie, contrairement à ce qu'a toujours prétendu la Banque de France. Les banques passent entre elles des accords de prêts/emprunts avec en garantie la remise de titres (appelés collatéraux).

Avant la crise, ces titres comprenaient des titres d'Etat, de grandes sociétés et autres, y compris les subprimes, reconnus de première qualité par les agences de notation.

Du jour au lendemain, les titres subprimes ont été refusés par les prêteurs, c'est pourquoi l'affaire des "subprimes" est à l'origine de graves perturbations sur les *marchés interbancaires internationaux* et du même coup de la crise du système lui-même, bien que cela n'ait pas été clairement divulgué.

Pour se libérer de leurs obligations vis-à-vis de leurs consœurs, les banques - manquant de collatéraux - ont été dans l'obligation de régler leur position en monnaie centrale qu'elles ont dû se procurer à leur banque centrale. Mais, comme en principe, l'Institut lui-même devait obtenir des garanties de paiement en contrepartie, il n'a pu faire autrement que d'accepter ces titres pourris, sauf à mettre les banques en faillite ce qui a été d'emblée évidemment exclu. Il s'agit naturellement de celles des banques qui n'avaient pas réussi à passer le mistigri à des « bad banks » ou structures de défaisance.

Et puis, à peine relevés de cette crise née en 2007, les marchés interbancaires européens ont connu en 2010/2011 une nouvelle défiance à l'égard cette fois-ci des collatéraux les plus sûrs : les titres souverains, lesquels tout à coup ont présenté des risques de défaut partiels.

En février 2011, sur proposition de la Commission bruxelloise - soupçonnée d'être à l'origine de cette nouvelle défiance - les Etats de la zone euro se sont engagés à stabiliser leur dette en pourcentage (60%) de leur PIB selon les critères de Maastricht. Pourquoi pas plus tôt, puisque ce critère n'était pas respecté y compris notamment par l'Allemagne, la France et l'Italie depuis déjà plusieurs années ?

C'est alors que l'on cherche désespérément les collatéraux indispensables au bon fonctionnement des marchés interbancaires. Mais qu'à cela ne tienne, la solution est toute trouvée : les titres toxiques restant encore détenus par les banques sont cédés aux BCN y compris à la BCE.

On comprend ainsi pourquoi la dette grecque est devenue aussi encombrante.

Observation n° 11

Les titres « subprimes » et les titres souverains étaient les collatéraux – garanties - les plus répandus avant la crise. Les premiers sont devenus toxiques et les seconds entachés d'un risque de défaut partiel.

C'est pourquoi, les marchés interbancaires fonctionnent de moins en moins et les demandes de liquidités à la Banque centrale de plus en plus. Mais, en sollicitant de plus en plus la banque centrale et lui remettant autant de titres en échange, les banques dans leur ensemble reçoivent de plus en plus de liquidités.

C'est ainsi qu'est née la trappe à liquidités et les BCN le refuge (en partie) des titres dépréciés !

5 – Les banques centrales

5.1 - Leur indépendance

La Banque Centrale Européenne (BCE) et les Banques centrales nationales (BCN) ont obtenu leur indépendance grâce au Traité de Maastricht qui interdit en outre le financement des Etats de la zone euro (art. 104 des traités de Rome et de Maastricht), ceci afin de favoriser le capitalisme financier - *les marchés* - seul bénéficiaire des intérêts des dettes souveraines. Intérêts à la charge des masses laborieuses naturellement puisque prélevés sur le PIB.

Pour la seule France, elle représente environ une cinquantaine de milliards d'euros pour l'année 2016 (près de 2,5% du PIB). Mais comme il faut emprunter pour acquitter les échéances, notre dette se nourrit des intérêts composés. De nombreux auteurs s'indignent avec raison de cette situation qui fait la part belle au capital, alors qu'en l'absence de traités européens l'Etat aurait pu être financé directement par la Banque de France ; dans cette hypothèse, les intérêts auraient été versés à la BDF qui les aurait reversés à l'Etat sous forme de dividende, soit une opération neutre pour le pays.

Le projet de Constitution européenne a été rejeté par la France par référendum en mai 2005. Il a fallu organiser une révision de la Constitution française par la voie du Congrès, pour ratifier le traité de Lisbonne du 17 décembre 2007 par la voie parlementaire le 8 février 2008.

Les intérêts en jeu étaient tellement énormes que la parole a été donnée aux représentants de la nation pour un passage en force. Le Président de la République était à l'époque Nicolas Sarkozy.

Ainsi donc les banques centrales sont indépendantes. Mais on ignore en général comment elles exercent leur indépendance : une règle surprenante a été instituée pour les états financiers (Bilans et comptes de résultats) de toutes les Banques centrales *indépendantes*, par ceux-là mêmes qui sont chargés de l'appliquer.

Voici pour l'Europe, ce que l'on peut lire dans le « Protocole sur les statuts du Système Européen de Banques Centrales et de la Banque Centrale Européenne » (SEBC), à l'article 26.2 :

> *"Les comptes annuels de la BCE sont établis par le directoire conformément aux principes déterminés par le conseil des gouverneurs. Les comptes sont approuvés par le conseil des gouverneurs et sont ensuite publiés."*

Le conseil des gouverneurs édicte donc les règles comptables qui s'appliquent à l'établissement des comptes annuels de l'Institution qu'il dirige et les approuvent ensuite.

Quand les règles sont fixées par des gens qui sont à la fois juges et parties tous les excès sont permis.

Elles n'ont en définitive de comptes à ne rendre à personne. Et, quel pied de nez à la démocratie !

La Banque centrale américaine n'est pas en reste, car elle dispose des mêmes règles.

Si la Fed est indépendante du gouvernement, sachons cependant qu'elle est sous la « dépendance » des banques, ses actionnaires.

On a vu au B1 « Affaire des subprimes » que la Fed était en situation de quasi faillite depuis le début de l'année 2011 en raison d'actifs toxiques *non dépréciés* : 1.800,5 mds$ à fin 2015. Mais, comme elle ne passe pas de provision pour dépréciation, elle peut se permettre de verser des dividendes chaque année, notamment 1,74 mds$ en 2015 (cf. 102nd Annual Report 2015 page 340). Elle fait marcher la planche à billets à volonté !

Les tout-puissants peuvent donc tout se permettre puisqu'ils font les lois qui s'appliquent à eux.

5.2 - Leur mission

Voici ce que l'on peut lire (2010) sur le site de la Banque de France, dans un document intitulé : "Politique monétaire de l'Eurosystème" :

*... **L'objectif final** de l'Eurosystème a été déterminé par l'article 105 du traité consolidé instituant la Communauté européenne; il s'agit de garantir la stabilité des prix. En 1998, le Conseil des gouverneurs de la BCE a adopté la définition quantitative suivante : « La stabilité des prix est définie comme une progression sur un an de l'indice des prix à la consommation harmonisé (IPCH) inférieure à 2 % dans la zone euro »...*

... En outre, la stratégie de politique monétaire de l'Eurosystème repose sur un cadre d'analyse large de l'information économique disponible, structuré selon deux « piliers » qui correspondent à des approches complémentaires - réelle et monétaire - du phénomène inflationniste et de ses causes. Il s'agit :

*   ▪ d'une analyse économique pour déterminer les risques à court et moyen termes pesant sur la stabilité des prix. Elle est fondée sur l'utilisation d'une large gamme d'indicateurs économiques et financiers précurseurs de l'évolution future des prix dans la zone euro, tels que **les coûts***

salariaux unitaires, diverses mesures de l'activité réelle, des indicateurs de prix et de coûts, des enquêtes réalisées auprès des entreprises et des ménages de la zone euro et de nombreux indicateurs des conditions financières (taux de change effectif de l'euro, pente de la courbe d'intérêt, rendements obligataires...) ;

▪ *d'une analyse monétaire conduite pour apprécier les tendances à moyen et long termes de l'inflation eu égard à la **relation étroite** existant entre la monnaie et les prix sur longues périodes. Elle s'appuie sur une large gamme d'indicateurs, **notamment M3**, ses composantes et ses contreparties, en particulier le crédit. Le Conseil des gouverneurs de la BCE, lors de sa réunion du 5 décembre 2002, a confirmé la valeur de référence de 4,5 % qu'il avait fixée pour la première fois en décembre 1998 pour la progression annuelle de M3 sur le moyen terme. Il a annoncé le 8 mai 2003 qu'il ne procéderait plus à l'examen annuel de cette valeur de référence - compte tenu de l'orientation à moyen terme de la politique monétaire - mais continuera à en examiner périodiquement les conditions et hypothèses sous-jacentes.*

... Depuis le 1er janvier 1999, la politique monétaire unique est une politique de taux d'intérêt, qui passe par le réglage de la liquidité bancaire en euro et par un pilotage des taux à très court terme sur le marché monétaire de l'euro, à commencer par le loyer de l'argent au jour le jour qui est la principale cible opérationnelle du Système Européen de Banques Centrales (SEBC).

A la lecture de ces textes, les objectifs de politique monétaire peuvent se résumer à :

> - maintenir la progression de l'indice des prix à la consommation harmonisé (IPCH) dans une limite inférieure ou égale à 2%, et surveiller notamment l'évolution des coûts salariaux (souligné dans le texte par nos soins),

> - veiller à ce que la progression de la masse M3 (seul indicateur souligné, parmi une large (?) gamme) soit inférieure à 4,5% l'an, ce qui laisse supposer dans ces conditions que, l'inflation une fois éliminée, la croissance puisse atteindre 2,5%.

> NB. Pour rappel, les Etats-Unis ont abandonné depuis longtemps l'indicateur M3 en raison de son manque de pertinence.

Ces objectifs et les moyens de les remplir seront analysés ci-dessous au 5.4. Mais puisque nos banques centrales se sont fixé pour priorité la lutte contre l'inflation, s'appuyant sur la théorie monétariste de l'inflation, nous verrons au B6 ce qu'il en est de cette théorie de notre point de vue.

La responsabilité suprême de nos banquiers centraux est donc la stabilité des prix, ce qui les engage dans la lutte contre l'inflation si elle est trop forte. Rien n'est prévu si elle est trop faible. C'est le cas aujourd'hui où les risques de déflation sont élevés, c'est pourquoi on lutte pour qu'elle revienne.

Quoi qu'il en soit, inflation ou déflation, la banque centrale n'a aucun pouvoir sur les prix puisque - nous l'avons déjà dit - la masse de monnaie en circulation dépend de l'émission de monnaie *bancaire* (seule monnaie en circulation) par les banques de dépôt.

Elle pourrait à la limite réduire la masse de monnaie *scripturale centrale* en refusant de racheter les titres que détiennent ces mêmes banques de dépôt, mais elle ne peut agir par voie d'autorité sans faire obstacle au principe de libéralisme économique.

Reste le taux d'intérêt de la Banque centrale, appelé taux directeur car il est censé diriger le taux pratiqué par les banques et établissements financiers pour les prêts consentis à leur clientèle. En pratique, les banques font à peu près ce qu'elles veulent avec la bénédiction ou non de l'Etat.

On en veut pour preuve la fixation du taux des prêts aux étudiants par les banques américaines et ses conséquences.

Il existe des prêts accordés selon les conditions de ressources des étudiants. Dans ce cas, les taux sont garantis par l'Etat. Sous la pression des banques - comment pourrait-il en être autrement ? - les taux ont doublé depuis le 1er juillet 2013 passant de 3,4% auparavant à 6,8%. Ce qui est d'autant plus inadmissible que les frais d'entrée à l'université ont augmenté de 30% (privé) et 40% (public) entre 2008 à 2014 (source : La Tribune).

Pour ceux qui n'entrent pas dans cette catégorie, les prêts sont soumis à des taux usuriers de 8 à 10%.

Les banquiers - banksters - font ce qu'ils veulent, mais refusent d'en payer les conséquences. Car ce qui devait arriver, arriva. L'endettement a atteint un tel sommet en 2016 avec 1.260 milliards de dollars que l'on assiste à une nouvelle crise monétaire rappelant celle des subprimes. 11% des 43 millions d'étudiants ne peuvent pas rembourser leur prêt.

Là-bas, on ne plaisante pas avec ceux qui ne peuvent pas rembourser :

Il suffit d'un accident, d'une dépression, d'un métier insuffisamment rémunéré, d'une période de chômage, d'un mauvais calcul pour que le remboursement devienne impossible. La gravité du problème apparaît dans le chiffre suivant : un ancien étudiant sur quatre est soit en retard pour payer, soit dans l'incapacité totale de s'acquitter de sa dette. Dans ce dernier cas, les sociétés de recouvrement ne sont guère tendres. Actuellement, il y a eu des arrestations pour des arriérés anciens, suivies d'une conduite sous escorte policière devant un tribunal (source : Médiapart)

Jamais à court d'idées, les banques voudraient titriser les créances qu'elles ont sur les étudiants pour les vendre à des fonds de placement ou autres. Mais personne n'en veut bien évidemment, car les investisseurs se sont déjà fait rouler dans la farine avec les titres subprimes et il en reste toujours sur la planète financière dans les coins les plus reculés.

Pour que pareille aventure ne se renouvelle, comme ce fut le cas également en Espagne, il est de la responsabilité de l'Etat de fixer les taux d'intérêt et de limiter la masse prêtée.

Encore une fois, à notre avis, la politique monétaire ne peut pas être indépendante de la politique économique d'un pays que seul l'Etat est en mesure d'assumer.

5.3 - La monnaie centrale

Dans tous les pays du monde la Banque Centrale ou Institut d'émission possède le privilège d'émettre les billets de banque, mais aussi une monnaie scripturale dite centrale.

Voici la définition que donne la Banque de France de **la monnaie centrale** dans son étude sur "Le concept de banque centrale" :

> *"celle-ci, appelée aussi monnaie à haute puissance ou base monétaire, est émise par la banque centrale sous deux formes :*
>
> > *- des billets de banque, que la banque centrale remet aux banques qui, à leur tour, les délivrent à leurs clients ;*
> >
> > *- des avoirs en compte auprès des banques centrales déposés par les banques commerciales et par le Trésor. Ces avoirs constituent une monnaie particulière qui n'est détenue que par les intermédiaires financiers et **ne sert pas aux transactions**".*

Que cette monnaie ne serve pas aux transactions n'est pas totalement vrai, car elle permet aux banques de s'acquitter de transactions auxquelles elles se livrent continuellement entre elles. Transactions commerciales : non. Transactions financières : oui.

Cette disposition confirme implicitement **le fait** que la banque crée de la monnaie chaque fois qu'elle achète ou qu'elle paie et la détruit chaque fois qu'elle vend ou qu'elle encaisse, puisqu'il est bien dit que son compte à la Super-banque **ne sert pas** à ses transactions (courantes).

La monnaie centrale **scripturale** a donc cours exclusivement entre les banques elles-mêmes et le Trésor, c'est-à-dire nécessairement entre ceux qui possèdent *des avoirs en compte auprès de la* Super-banque.

Cela signifie que **cette monnaie** ne peut s'échanger qu'entre titulaires d'avoirs en compte et que donc **elle ne quitte jamais l'Institut d'émission**, parce qu'elle ne le peut pas. On peut le vérifier très facilement.

Une banque **X** voudrait prêter une somme de 100.000 unités monétaire (UM) à une entreprise **A**, en utilisant ses disponibilités à la Banque centrale qu'elle ne le pourrait pas, puisque **A** n'a pas de compte ouvert à la Banque centrale, sur lequel elle aurait pu lui remettre les fonds à disposition, par chèque ou virement par exemple. Il paraît exclu de supposer que la banque établisse un chèque tiré sur la Banque centrale à l'ordre de son client, celui-ci le remettant aussitôt à l'encaissement à sa même banque ! Elle n'a pas d'autre **alternative pratique** que celle de créer de la monnaie dite secondaire (par opposition à monnaie centrale), par simple jeu d'écritures comptables comme on l'a vu, pour satisfaire à la demande de son client.

Voyons à présent comment s'opèrent les transactions entre le Trésor qui possède un compte en monnaie centrale et les ANB qui disposent d'un compte en monnaie bancaire.

1 - Le Trésor règle ses dépenses. Son compte est débité à la Banque centrale, tandis que le compte de la banque **X** du fournisseur est crédité à la même Banque centrale. Dans le même temps, la banque **X** crée de la monnaie secondaire en créditant le compte (DAV) de son client (fournisseur de l'Etat). Il n'y a pas de destruction de monnaie centrale, alors qu'il y a création de monnaie secondaire.

2 - Le Trésor encaisse ses recettes d'impôts. Son compte est crédité à la Banque centrale, tandis que la banque **Y** est débitée à la même Banque centrale. Dans le même temps, la banque **Y** détruit la monnaie secondaire en débitant le compte (DAV) de son client (contribuable). Il y a destruction de monnaie secondaire, tandis qu'il **peut y avoir ou non** création de monnaie centrale, selon que la banque **Y** dispose ou non de cette monnaie.

Ce sont donc les banques qui servent de passage obligé entre le Trésor et les ANB. Les deux monnaies s'échangent à parité l'une contre l'autre mais ne se substituent pas l'une à l'autre. D'où 2 compartiments étanches.

Comme les Banques centrales ne sont pas autorisées en Europe notamment, d'émettre de la monnaie centrale directement en faveur de leurs Etats, les créations de monnaie secondaire seront supérieures aux destructions si le Trésor dépense plus qu'il n'encaisse (cas général).

Nous allons examiner à présent la question capitale de savoir si la Banque Centrale **a ou non le pouvoir** et les moyens de limiter la création monétaire par les banques ? En pratique, la monnaie secondaire est-elle sous la dépendance étroite de la monnaie centrale, ainsi que la théorie du multiplicateur le fait croire, ou encore la Banque centrale dispose-t-elle de moyens quelconques qui lui permettraient de réguler l'émission monétaire des banques commerciales ?

5.4 – Leur pouvoir sur la monnaie et le multiplicateur monétaire

Les banques centrales ont abandonné aux banques privées le droit et le pouvoir d'émettre de la monnaie dite secondaire (par opposition à monnaie centrale, celle qui est émise par l'Institut d'émission).

Nous venons de voir que les monnaies centrale et secondaire (**scripturales**) circulent dans deux zones indépendantes l'une de l'autre. Il faut avoir un compte dans l'une ou l'autre zone pour la faire circuler et en pratique ceux qui disposent de comptes dans une zone n'en disposent pas dans l'autre. Les banques et le Trésor public ont des comptes ouverts à l'Institut d'émission (première zone) et les agents non bancaires (ANB) ont un ou plusieurs comptes ouverts dans les banques de dépôt (deuxième zone). Les banques servent d'interface entre le Trésor public et les ANB comme exposé au-dessus.

C'est la raison pour laquelle les ANB ne peuvent pas disposer directement de monnaie centrale *scripturale*.

On a évoqué ces derniers temps la folle utopie de l'*hélicoptère-monnaie*. Il aurait été question de faire distribuer de la monnaie par la Banque centrale directement aux consommateurs pour relancer la machine économique. En jetant des billets de banque depuis les airs ! Une idée d'Outre-Atlantique examinée sérieusement par nos experts, sans suite évidemment car il ne s'agissait que d'une opération d'enfumage.

Seules les banques privées ou de dépôt alimentent les ANB en monnaie en leur consentant des prêts, à partir de monnaie (secondaire) créée ex-nihilo ainsi qu'on l'a vu. Elles n'ont donc pas besoin de la monnaie qu'elles détiennent à la Banque centrale pour consentir des prêts à leur clientèle, tout au moins dans un premier temps.

Elles décident souverainement à qui et à quelles conditions elles prêtent à leurs clients.

La théorie du multiplicateur monétaire veut nous faire croire que la Banque centrale a les moyens d'agir sur les banques privées dans la distribution du crédit aux ANB. Ce qui est faux, malgré ce que nous en dit Natixis en février 2007 :

"Le multiplicateur monétaire (de crédit) est la théorie qui explique quel montant de crédit (de masse monétaire) peut être distribué par les banques à partir de la base monétaire créée par la Banque Centrale".

Le rapport de la Banque d'Angleterre du 1er trimestre 2014 nous dit exactement le contraire :

... Another common misconception is that the central bank determines the quantity of loans and deposits in the economy by controlling the quantity of central bank money — the so-called 'money multiplier' approach. In that view, central banks implement monetary policy by choosing a quantity of reserves. And, because there is assumed to be a constant ratio of broad money to base money, these reserves are then 'multiplied up' to a much greater change in bank loans and deposits. For the theory to hold, the amount of reserves must be a binding constraint on lending, and the central bank must directly determine the amount of reserves.

While the money multiplier theory can be a useful way of introducing money and banking in economic textbooks, it is not an accurate description of how money is created in reality. Rather than controlling the quantity of reserves, central banks today typically implement monetary policy by setting the price of reserves — that is, interest rates. In reality, neither are reserves a binding constraint on lending, nor does the central bank fix the amount of reserves that are available. As with the relationship between deposits and loans, the relationship between reserves and loans typically operates in the reverse way to that described in some economics textbooks. Banks first decide how much to lend depending on the profitable lending opportunities available to them — which will, crucially, depend on the interest rate set by the Bank of England. It is these lending decisions that determine how many bank deposits are created by the banking system. The amount of bank deposits in turn influences how much central bank money banks want to hold in reserve (to meet withdrawals by the public, make payments to other banks, or meet regulatory liquidity requirements), which is then, in normal times, supplied on demand by the Bank of England....

La traduction de cet article, pour faire court, dit que :

Contrairement à ce que l'on apprend dans les manuels scolaires,

a) les banques ne prêtent pas les dépôts qu'elles reçoivent de leurs clients,

b) la théorie du multiplicateur s'appuie sur une idée fausse, car l'analyse pratique démontre que les réserves n'exercent aucune contrainte sur les crédits.

Nous ne savons pas si cette information a été diffusée sciemment ou non, mais elle constitue un terrible aveu d'impuissance des Banques centrales à maitriser la monnaie.

La Banque centrale n'a donc aucun pouvoir sur l'émission de monnaie bancaire, la seule en usage entre les agents non bancaires, ceux qui font tourner la machine économique.

Pour être précis, il faut cependant signaler qu'il existe des liens de dépendance des banques de dépôt envers la Banque centrale. Il s'agit :

- des besoins en billets que les banques obtiennent à leur Banque centrale et qu'elles sont tenues de remettre à leurs clients sur simple demande de leur part ; plus le volume des crédits accordés est grand plus la masse des billets est importante, et donc plus elles ont besoin de monnaie centrale,

- de l'obligation pour chaque banque de constituer à leur compte à la Banque centrale ce que l'on appelle des réserves obligatoires dont le montant est calculé en pourcentage des dépôts à vue et à terme (Masse M2) de leurs clients ; plus le volume des crédits accordés est grand plus la masse M2 est importante, et donc plus elles ont besoin de monnaie centrale.

Mais en revanche, elles disposent de monnaie centrale assez facilement à partir de 3 sources :

- la cession de devises à l'Institut d'émission,

- la cession ou/et la mise en pension de titres reconnus *éligibles*, c'est-à-dire bénéficiant des meilleures notes des agences de notation, par exemple des titres de créances de grandes sociétés, des titres souverains (selon le pays d'émission en raison des risques de défaut partiel) et jusqu'en 2007 les titres subprimes,

- la politique de la Banque centrale dite non conventionnelle alimentant les banques - à ne plus savoir qu'en faire (trappe à liquidités) - sauf à les utiliser pour leurs opérations de spéculation et de casino ! Etant précisé que les titres toxiques ou douteux - bien que non *éligibles* - sont également acceptés par les Banques centrales au titre de la politique non conventionnelle ! Sans le dire naturellement.

C'est ainsi que les besoins en billets et en réserves obligatoires sont très largement couverts.

En conséquence, la Banque centrale n'a aucun pouvoir sur l'émission de monnaie bancaire, la seule en usage entre les agents non bancaires, ceux qui font marcher l'activité économique de production.

5.5 – Leur pouvoir sur l'inflation monétaire

Mais alors, si elles n'ont aucun pouvoir sur la quantité de monnaie dite secondaire émise par les banques, elles n'ont aucun pouvoir sur la stabilité des prix (inflation). La théorie quantitative de la monnaie veut qu'un accroissement de la masse monétaire se traduise dans la même proportion par un accroissement des prix.

Ce qui signifie que si l'on n'a pas la maîtrise de la masse monétaire, on ne peut avoir celle des prix.

De plus, elles abusent l'opinion publique en prétendant lutter contre une inflation monétaire qui n'existe plus depuis longtemps, la hausse des prix ayant une origine qu'il faut rechercher dans les comportements de ceux qui par ce moyen font leurs profits (voir chapitre suivant).

Tout est pipé !

En résumé, les banques centrales :

1 - sont dans l'incapacité de maintenir la stabilité des prix que ce soit dans un sens (inflation) ou dans l'autre (déflation) alors que c'est l'objectif suprême de leur politique monétaire.

2 - n'ont aucun pouvoir sur l'émission de monnaie **secondaire** par les banques de dépôt - seule monnaie en usage chez les ANB - ce qui signifie qu'elles sont incapables de diriger une quelconque politique monétaire de relance de l'économie ; elles en sont réduites à imaginer des gadgets du type de la "monnaie hélicoptère", arme présentée comme ultime de la BCE pour la croissance. Quelle blague !

Subterfuge feu de paille qui a quand même tenu le coup 3 mois,

3 - étalent leur impuissance en dirigeant les taux directeurs vers le point zéro, zéro pointé de leur politique générale,

4 - en sont réduites à déverser inutilement des masses impressionnantes de monnaie **centrale** vers les banques, trappe à liquidités.

Somme toute, refusant de reconnaître leurs errements, elles amplifient le désordre monétaire ambiant.

5.6 - Les banques centrales et la politique dite non conventionnelle

La Fed en premier, les banquiers centraux ensuite se rendent compte un peu tard que toutes les liquidités injectées pour sauver les banques et autres compagnies, ne peuvent servir l'économie réelle. C'est un constat accablant, qui montre à quel point ils ignorent ou veulent dissimuler les propriétés de leur monnaie, à commencer par la première : la monnaie centrale **scripturale** ne quitte jamais l'Institut d'émission.

On l'a déjà dit, cette monnaie **ne peut s'échanger qu'entre titulaires de comptes ouverts à la Super-banque** : les banques et le Trésor. En conséquence, toutes ces liquidités ne peuvent pas servir à dynamiser l'économie réelle.

Ce n'est pas faute d'avoir essayé. Sans doute pour masquer leur impuissance, les banques centrales ont sorti un nouveau vocabulaire : la politique non conventionnelle.

La politique non conventionnelle est d'une nature différente. Elle consiste à ce que la Banque Centrale change de canal de transmission de la politique monétaire : au lieu d'injecter des liquidités dans les bilans des banques, elle injecte des liquidités dans les bilans des non banques (par des entreprises par exemple), nous explique Natexis dans sa note du 6 février 2009.

A la question posée à cette banque : *Comment la Banque de France pourrait-elle injecter des liquidités dans certaines entreprises, si celles-ci n'ont pas un compte ouvert chez elle ?*

Voici la réponse :

S'il y a politique monétaire non conventionnelle :

> *- la Banque Centrale achète des actifs sur les marchés financiers ;*

> *- le vendeur a son compte dans une banque commerciale crédité ;*

> *- la banque commerciale a son compte à la Banque Centrale crédité.*

En créditant le vendeur chez elle, la banque commerciale a créé de la monnaie secondaire, tandis que la monnaie centrale dont elle a été créditée servira à toutes sortes d'opérations qui n'auront rien à voir avec l'opération non conventionnelle : reprise de titres en pension, reprise de liquidités par la Banque centrale, approvisionnement en monnaie fiduciaire, alimentation du compte en R.O., etc. Comment pourrait-il en être autrement puisqu'il n'y aucun lien direct entre les deux monnaies !

En fait, l'achat d'actifs par la Banque centrale s'assimile à une opération ciblée de refinancement des banques qui s'apparente à une prise de titres en pension. L'ordre annoncé des opérations est inversé, un point c'est tout. Il n'est d'ailleurs pas du tout exclu que la banque ait organisé l'opération, auquel cas, on est en présence d'un montage destiné à amuser la galerie.

Au titre de la politique monétaire non conventionnelle, la BCE annonce le lancement d'un programme d'assouplissement quantitatif (QE en anglais) le 22 janvier 2015.

Le programme d'acquisition de titre commence le 9 mars 2015, pour un montant de 60 milliards d'euros par mois et pour une durée prévue de 18 mois (jusqu'en septembre 2016). (Wikipedia)

Encore une opération d'enfumage. Qui mettrait en doute les assertions de la BCE ? Personne évidemment. Et, plus c'est gros plus ça marche ! Voyons ça.

Les titres sont rachetés par les BCN comme il en a toujours été - à notre avis - et dans les mêmes conditions avant cette décision *"les achats doivent être répartis au prorata de la clé de répartition de capital de chaque banque centrale nationale. De plus, la BCE s'interdit de racheter les dettes publiques dont la notation financière est trop mauvaise, excluant jusqu'ici la Grèce et Chypre du programme"* (Wikipedia). S'agirait-il d'une opération camouflée de rachat de titres souverains par les BCN, ce qui est interdit par Maastricht, car cela revient *in fine* au financement de l'Etat par les Banques centrales ?

De plus, Wikipedia nous dit que *"la BCE annonce un renforcement de son programme de QE, augmentant son volume à 80 milliards d'euro par mois, et en élargissant le panier des actifs éligibles pour intégrer notamment des obligations d'entreprises (corporate bonds). De ce fait, le programme bénéficie depuis à des grandes entreprises telles que Total, Danone et Volskwagen"*.

Les obligations d'entreprises ont - à notre connaissance - toujours été financées par les *marchés* dès leur émission. Alors pour quelles raisons ressortent-elles tout-à-coup sur le devant de la scène ? Que cache cette opération de politique non conventionnelle ?

Wikipedia nous explique alors que *"Les banques centrales ont recours à ce genre de pratique dans des circonstances économiques exceptionnelles, telles que des crises économiques et financières de grande ampleur. Plus particulièrement, le QE est utilisé dans une situation de trappe à liquidité, c'est-à-dire lorsque les taux directeurs sont déjà très bas et ne parviennent plus à assurer une hausse des prix suffisante. Le QE vise à accroître la quantité de monnaie en circulation pour relancer l'économie et maintenir l'inflation à un niveau correct afin d'éviter tout risque de déflation"*.

Wikipedia tient le raisonnement inverse à celui décrit plus haut :

Le QE alimente la trappe à liquidité, non l'inverse. C'est le rachat de titres par la Banque centrale aux banques qui les nourrit en liquidités monnaie centrale. De plus, on a vu que les avoirs des banques en monnaie centrale ne peuvent pas irriguer l'économie réelle (zone réservée aux ANB) qui fonctionne exclusivement en monnaie secondaire. Le QE ne peut donc pas relancer l'économie.

Si l'on examine le bilan de l'Eurosystème à fin 2015, on peut constater en effet que les titres émis par les résidents, à l'actif, ont augmenté de 570 mds€ d'une année à l'autre. Mais dans le même temps, les comptes courants et facilités de dépôt **des banques** (hors Réserves obligatoires R.O.), au passif, ont cru de 400 mds€. (trappe à liquidité) ; sommes qui ne peuvent servir qu'à des opérations de casino.

On peut émettre l'hypothèse que les banques commerciales cèdent ou mettent en pension (ce terme ayant tendance à disparaître du vocabulaire en vigueur) des titres souverains et de grandes sociétés dans l'intention de disposer de puissants moyens financiers en monnaie centrale pour se livrer à des opérations spéculatives (produits dérivés), ouvrant ainsi la trappe à liquidités (sans utilité pour l'économie réelle). Pour éviter une rémunération excessive de ces disponibilités bancaires extravagantes, les banques centrales n'ont alors d'autre choix que la baisse des taux d'intérêt, raison pour laquelle les taux sont partout dans le monde occidental voisin de zéro.

Observation n° 12

Les banques centrales n'ont donc aucun pouvoir sur la quantité de monnaie - dite secondaire - émise par les banques de dépôt. Et, si elles n'ont pas la maîtrise de la masse monétaire, elles ne peuvent avoir celle des prix (inflation). Elles ne peuvent donc pas s'appuyer sur la théorie quantitative de la monnaie qui veut qu'un accroissement de la masse monétaire se traduise par une hausse équivalente des prix.

L'axe central de la politique monétaire des banques centrales est donc totalement faussé et l'inflation n'est-elle plus que le prétexte fallacieux d'une mise en scène destinée à tromper l'opinion et à masquer leur incapacité à maîtriser un système monétaire défaillant.

Le programme d'assouplissement quantitatif lancé par la BCE pour relancer l'économie est une opération d'enfumage puisque la monnaie centrale émise, à cette occasion, en faveur des banques ne peut pas irriguer l'économie réelle (zone réservée aux ANB) qui fonctionne exclusivement en monnaie secondaire.

C'est la politique de l'assouplissement quantitatif qui est à l'origine des trappes à liquidité.

Le taux directeur de la Banque centrale ne dirige que le taux d'intérêt interbancaire. A la recherche de profits immédiats, les banques fixent le taux d'intérêt applicable à leur clientèle (ANB) en fonction des clients et des circonstances, sans aucune vision sur le long terme, c'est-à-dire sans prévoir les défauts de paiement liés précisément à la charge insupportable de taux d'intérêt trop élevés.

A notre avis, la politique monétaire ne peut pas être indépendante de la politique économique d'un pays que seul l'Etat est en mesure d'assumer.

Enfin, la théorie du multiplicateur s'appuie sur une idée fausse, dixit la Banque d'Angleterre.

6 - La théorie monétariste de l'inflation

C'est très certainement la plaie la plus large et la plus profonde, car elle freine l'activité de production et paralyse tout véritable essor.

La théorie quantitative de la monnaie qui veut qu'un accroissement de masse monétaire se traduise dans la même proportion par un accroissement des prix est aujourd'hui une imposture. Son origine remonte à des temps anciens ou très anciens de pénurie générale et donc de plafonnement de l'offre à court et moyen terme (invention au 15ème siècle, remise à l'honneur après la crise de 1929).

a - la définition

Pour bien comprendre les mécanismes économiques qui sont à l'origine de l'inflation, il faut commencer par savoir de quoi l'on parle. Aussi, convient-il de bien distinguer l'inflation monétaire - trop grande quantité de monnaie - et la hausse des prix, c'est-à-dire la cause et ses effets supposés, car si l'inflation monétaire peut avoir pour conséquence la hausse des prix, on est en droit de supposer que celle-ci n'a pas exclusivement pour origine l'inflation monétaire. Le terme d'inflation passé dans le langage commun, entretient tout naturellement la confusion.

On ne parlera pas ici des effets induits de l'inflation monétaire - bien réelle - sur le prix des actifs, puisque ceux-ci sont écartés du calcul de l'indice des prix ! Ainsi, la confusion a-t-elle réussi à semer le trouble dans les esprits. On se bornera donc aux conséquences de l'inflation monétaire sur l'activité de production, laquelle **par un tour de passe-passe** en a l'exclusivité.

Qu'il soit le fait de causes naturelles ou artificielles, tout déséquilibre macroéconomique pouvant exister entre l'offre et la demande est **la seule cause** d'inflation des prix par l'inflation monétaire.

Par déséquilibre entre l'offre et la demande, il faut entendre déséquilibre entre les moyens de production de l'offre et les moyens financiers de la demande.

En tant que telle, **la masse monétaire n'a aucune incidence sur les prix** dès lors que l'offre fournit la demande, ce qui est le cas dans nos pays industrialisés où la structure et l'outil de production sont généralement bien adaptés à la demande courante et où l'ajustement entre les quantités demandées et les quantités offertes est rapide sinon quasi-instantané (produits agricoles et matières premières exceptés), en raison de l'existence même de puissants moyens de production et d'habitudes de consommation bien connues et maîtrisées.

C'est la rareté d'un produit qui fait son prix. La théorie semble l'oublier.

Dans nos sociétés modernes, **la vraie cause** de la hausse des prix se trouve plus simplement dans **le comportement des entrepreneurs** n'hésitant pas à modifier, qui les tarifs, qui les pancartes, qui les étiquettes pour faire leur profit et améliorer leur pouvoir d'achat.

Dans nos pays industrialisés, il y a bien longtemps qu'il n'y a plus d'inflation monétaire, d'autant plus que la sphère de l'activité de production **manque de monnaie** du fait de l'épargne bancaire qui est une épargne morte (voir plus bas). Voilà résumé tout ce que la théorie monétariste de l'inflation est incapable de traduire parce qu'elle ne prend pas en compte la réalité.

Il s'est trouvé par le passé et il se trouve encore des situations économiques critiques dans lesquelles l'émission inconsidérée de signes monétaires produit, à coup sûr, la hausse des prix. Ce n'est pas une raison suffisante pour en faire une règle absolue.

L'effort de guerre démesuré est souvent la cause d'une situation de pénurie généralisée, et l'émission excessive de monnaie (moyen pour l'Etat de régler ses dépenses) a fatalement pour conséquence une hausse tout aussi excessive des prix. L'effort militaire est tel que la main d'œuvre et les produits de base font défaut pour assurer les besoins vitaux de la population. C'est le règne du rationnement et du marché noir.

Dans cette situation de pénurie généralisée, la structure de la production n'est pas adaptée à la demande : l'offre est incapable de répondre à la demande. L'ajustement entre les quantités demandées et les quantités offertes se fait par le surenchérissement des prix, seul moyen d'éliminer la demande excédentaire d'une population disposant d'une quantité de monnaie inconsidérément émise par l'Etat.

Il existe cependant, une situation spécifique dans laquelle l'appareil de production n'est plus en mesure de satisfaire la demande, et se comporte à peu près de la même manière qu'en situation de pénurie. C'est ce que l'on appelle la surchauffe, caractérisée par un emballement de l'appareil de production face à une demande trop forte. Dans ce cas, l'ajustement entre les quantités demandées et les quantités offertes ne peut s'établir que par le surenchérissement des prix, seul moyen ici aussi d'évacuer la demande excédentaire. On ne peut pas parler d'inflation monétaire, puisque c'est le dérèglement de l'appareil de production, **dans un secteur spécifique**, qui est à l'origine de l'événement.

Si cette situation de surchauffe semble présenter des effets sur les prix comparables à ceux de l'inflation monétaire en période de pénurie, elle en diffère pourtant par son étendue, car ici, les hausses de prix concernent les seuls produits nécessitant un ajustement de la demande par l'offre. Dans l'hypothèse où l'on serait amené à observer une généralisation des hausses à d'autres secteurs ou produits, ce serait vraisemblablement par effet de contagion sur le comportement des entrepreneurs.

Parce que ça les arrange, les autorités monétaires ont choisi une seule et unique cause de la hausse des prix : l'inflation monétaire qui s'appuie sur la théorie quantitative de la monnaie.

Mais elles furent fort dépourvues quand la crise fut venue, le jour où la lutte contre l'inflation se mua en lutte - ou plutôt en incantation - pour que l'inflation renaisse.

b - L'imposture

La théorie monétariste, d'application universelle, démontre que le niveau moyen des prix (P) est déterminé en fonction des transactions (T), de la masse monétaire (M) et de sa vitesse de circulation (V). Elle s'écrit comme suit :

$$MV = PT \text{ soit } P = MV/T$$

• De quelle masse (M) s'agit-il ?, sachant que :

- M1 **s'ajuste** aux transactions T puisqu'il n'y a pas de transactions T hors M1 ; on en déduit que M1 est une variable de la **masse monétaire émise**,

- M2 est l'agrégat qui se rapproche le plus de la **masse émise**, la seule qui pourrait avoir une incidence sur les prix, mais elle contient **l'épargne morte**, gelée par le système ; c'est ce que l'on a vu au chapitre B3.

- M3 n'a aucune signification car elle ne représente absolument pas la masse émise et en circulation ; depuis plusieurs années, la Fed ne publie plus cet agrégat, ce qui en dit long sur ce qui est encore le pilier de la politique monétaire en Europe et sur la capacité de la Banque Centrale à nous faire avaler des couleuvres !

• Qu'en est-il des transactions (T) ? :

Pourquoi de nombreuses transactions financières et monétaires sont-elles écartées du calcul de l'indice des prix ? C'est le cas notamment des transactions boursières et de celles portant sur les biens mobiliers et immobiliers **d'occasion**, celles qui alimentent les "bulles".

• Qu'en est-il des prix (P) ?

Pourquoi les prix (P) de la formule ne s'appliquent-ils qu'à une fraction conséquente mais incomplète des transactions (T) de la sphère réelle ? Les taxes et impôts directs, les cotisations sociales, l'équivalent des loyers pour les propriétaires de leur logement, les taux d'intérêt, notamment ne sont pas retenus. Toutes restrictions opérées dans le but inavoué de minimiser le taux d'inflation au profit de la croissance !

• Vitesse de circulation (V) :

La vitesse de circulation de la monnaie **scripturale** émise ne peut être mesurée qu'à partir de l'analyse des comptes qui la contiennent : les dépôts à vue (DAV) pour M1 et les dépôts d'épargne ou à terme (DAT), comme s'il s'agissait de stocks (taux de rotation). Il est tout de même difficile de considérer que la vitesse a changé quand le résultat observé a changé : $V = P.T / M$

Comment, dans ces conditions, prétendre qu'une quantité **indéterminée** de monnaie (M) est trop grande, quand le niveau des prix (P) d'une fraction seulement des transactions (T) s'élève, si une **fraction conséquente quelconque** de (M) ne circule pas du fait de l'épargne morte, tandis que la vitesse (V) est plus ou moins corrigée par les transactions (T) d'une sphère monétaire et financière **écartées du calcul du niveau des prix** ?

Comment peut-on accepter aussi facilement qu'en matière de calcul du taux de l'inflation, tout soit faussé, biaisé, manipulé ? Si l'on n'a jamais vraiment cherché à vérifier la théorie, c'est pour ne pas courir le risque d'ébranler **le socle** de la politique monétaire.

Ainsi donc, l'axe central de la politique des banques centrales est-il totalement faussé et l'inflation n'est-elle plus que le prétexte fallacieux d'une mise en scène destinée à tromper l'opinion et à masquer leur incapacité à maîtriser un système monétaire défaillant, dont elles se réclament pourtant de la responsabilité suprême !

Toutes les économies au monde sont paralysées par la peur de l'inflation au point d'en avoir perdu complètement la raison économique.

En agitant le spectre de l'inflation, les autorités monétaires ont réalisé l'exploit de contaminer le corps économique de la planète entière d'un mal que l'on peut qualifier de **syndrome de l'inflation**.

L'inflation est une des principales raisons avancées par les banques centrales pour limiter les hausses de salaires. Il faut bien préserver de la rentabilité des capitaux !

Voici ce que l'on peut lire dans le bulletin de la Banque de France du 1er trimestre 2010 :

Les évolutions salariales et la façon dont elles interagissent avec les variations de prix constituent un thème central pour la conduite des politiques économiques et notamment monétaire.

Ce qui veut dire en clair, que les augmentations de salaires sont admissibles si elles sont compensées par des gains de productivité (mesure anti-inflationniste). Quant aux effets néfastes de cette politique sur le chômage, la Banque centrale n'en a cure. Elle est là pour lutter contre l'inflation. C'est inscrit dans le marbre de ses statuts !

En "luttant" comme on le fait contre l'inflation on se trompe de cible, et le prix de l'erreur est le sacrifice de dizaines de millions d'êtres humains, de chômeurs, d'exclus et de miséreux. De nombreuses voix, pleines de bon sens, se sont élevées pour dire qu'il serait bon de laisser filer un peu d'inflation pour faire repartir la machine quand elle ralentit. L'aveuglement et l'entêtement à combattre l'inflation sont tels qu'ils ne sont même pas entendus.

Ceci était vrai il y a encore 9 ans, avant que la crise des subprimes (2007-2008) n'engendre la crise systémique monétaire et ne mette à mal - par voie de conséquence - les économies des pays avancés.

La lutte contre l'inflation a été abandonnée puisqu'il n'y a plus d'inflation !

Qu'à cela ne tienne. Voici ce que l'on peut lire dans les Echos du 21 novembre 2014 :

"Mario Draghi, président de la Banque centrale européenne (BCE), a défendu ce vendredi le cours actuel de la politique monétaire destiné à combattre une inflation trop faible sur la durée."

De la lutte contre l'inflation, on est passé à la lutte pour qu'elle revienne ! Mais, il n'a pas dit comment.

C'est tout de même stupéfiant d'inconséquence de la part de ceux qui ont pour objectif « *le maintien de la stabilité des prix constituant la contribution la plus importante que la politique monétaire puisse apporter à la réalisation d'un environnement économique favorable et d'un niveau d'emploi élevé* » (art.127 §1 du traité "Version consolidée"). Ce qui sous-entend que la croissance dépend de la politique monétaire.

Dépourvu de moyens, il nous raconte des histoires. Son discours dépend de la direction que prennent les événements !

Les beaux-parleurs vivent toujours aux dépens de ceux qui les écoutent et ils sont nombreux.

L'imposture est le fait de ceux qui cherchent à dissimuler leur incompétence, incapables qu'ils sont d'exercer les responsabilités qui leur incombent.

Observation n° 13

Les banques centrales s'appuient sur la théorie quantitative de la monnaie pour la conduite de leur politique monétaire. C'est une imposture, car les paramètres retenus pour le calcul du taux d'inflation sont faussés, biaisés, manipulés.

Cette théorie est devenue un tel dogme qu'elle ne sera pas facilement déboulonnable. Aussi servira-t-elle encore longtemps à dissimuler l'incapacité des banques centrales à maîtriser la masse monétaire et l'indice des prix.

---

7 - **Réforme du système bancaire et monétaire**

Avant qu'il ne soit abrogé en 1999 aux Etats-Unis sous la présidence de Bill Clinton (Démocrate), le Glass-Steagall Act, promulgué en 1933 après le krach de 1929, réglementait déjà la séparation des banques d'affaires et des banques de dépôt. Il aura donc fallu 66 ans pour que le lobby bancaire réussisse à reprendre le pouvoir monétaire total qu'il avait alors perdu.

Tous les excès lui étant alors permis, il ne lui aura fallu que 8 ans (1999-2007 affaire des subprimes) pour plonger le monde entier dans le désastre économique et financier d'une ampleur et d'une durée incomparables à celui de 1929.

Il devient urgent et crucial pour nos gouvernants de rétablir l'ordre monétaire sévèrement mis à mal par ceux-là même - banquiers centraux - qui se prétendent investis de la responsabilité suprême en cette matière. Alors que, on l'a vu, ils n'ont aucun pouvoir sur l'émission de monnaie par les banques.

La première question qui se pose, est de savoir pourquoi on ne cherche pas à appliquer des règles qui ont fait la preuve de leur efficacité. Ce serait trop facile, semble-t-il. Ce serait aussi et surtout s'opposer à la toute-puissance monétaire qui ne veut rien entendre dès qu'il s'agit de restreindre son pouvoir ou de lui retirer l'occasion de faire semblant de l'exercer.

L'objectif central de cette réforme est de :

> - rendre à la Banque de France le plein exercice de la politique monétaire - inopérante actuellement - en lui donnant le contrôle effectif de l'émission de monnaie secondaire par les banques commerciales (option 1)

ou en lui réservant le monopole de l'émission monétaire (option 2),

- séparer les activités des banques de dépôt : les activités avec la clientèle de celles pour propre compte, afin de protéger les déposants d'une éventuelle faillite de la banque ; les modalités étant différentes selon l'option retenue,

- instaurer une assurance des risques courus par les banques contre les créances douteuses et irrécouvrables des ANB, en faisant payer à tous les emprunteurs une prime s'ajoutant aux intérêts, afin de protéger la banque contre les risques de défaut de la clientèle,

- réformer totalement la mesure des agrégats monétaires qui n'apportent pas la précision indispensable en matière d'épargne ; il est en effet important de mesurer de manière précise l'épargne bancaire sans confusion (amalgame) possible ; la connaissance en temps réel de l'épargne bancaire est un des indicateurs du tableau de bord de l'Etat qui lui permettrait de pratiquer la régulation monétaire, pièce maitresse de la gouvernance économique nationale lui donnant le moyen d'orienter l'activité de production à la hausse ou à la baisse selon les circonstances.

Pour mener à bien cette réforme, l'Etat doit reprendre nécessairement le contrôle de la Banque de France.

Voici à présent les deux options que nous proposons pour la réforme du système monétaire national, la première libérale, la seconde administrée.

7.1 - Réforme libérale du système monétaire et bancaire avec maintien des deux monnaies, centrale et secondaire (option 1)

Dans cette option, on pourrait répartir la distribution des concours à l'économie selon les règles suivantes :

a) - la Banque de France fournit exclusivement les besoins de l'Etat en monnaie dite permanente (voir chapitre B3 « L'épargne »).

b) - les banques de dépôts, créatrices de monnaie secondaire, fournissent les besoins financiers des agents non bancaires (ménages, entreprises et établissements de crédit non créateurs de monnaie), les risques d'insolvabilité étant couverts dans des conditions examinées ci-après.

L'Etat doit commencer par réviser la réglementation bancaire en donnant la priorité à la réforme du ratio de solvabilité des banques et autres établissements de crédit, appelé aussi ratio Cooke, modifié Bâle II (et Bâle III en difficile cours de réaménagement), qui est à l'origine des défaillances du système.

Les paramètres de ce ratio, doivent être profondément remaniés. Les concours à l'économie doivent être éliminés de ces paramètres, pour ne viser que les seules opérations des banques pour propre compte.

Les concours à l'économie seraient encadrés par la couverture du risque d'insolvabilité, à partager entre la Banque centrale d'une part, et les banques et autres établissements de crédit d'autre part, dans le rapport de 90/10 par exemple, les obligeant ainsi toutes et tous à prendre leurs responsabilités, contre rémunération naturellement. Etant précisé que la Banque centrale donne son accord préalable à l'attribution des crédits, puisque c'est elle qui prend la plus grande part des risques.

Le gouvernement, en charge de la politique monétaire, détermine provisoirement un taux d'intérêt **fixe** pour une période de 1 an, par exemple.

Afin de faciliter le recours au crédit, il serait bon *éventuellement* qu'à terme l'intérêt des prêts et emprunts soit supprimé et remplacé par l'indexation à un indice approprié : celui de l'érosion monétaire, indice calculé par un Institut de statistiques **indépendant**. En définitive, l'emprunteur aurait à sa charge le coût de la couverture du risque d'insolvabilité, d'une part, et la rémunération **effective** des services rendus (gestion des dossiers et autres), d'autre part, au bénéfice de l'établissement prêteur. L'avantage d'un tel système réside dans le fait que l'emprunteur serait autorisé à suspendre, à faible coût, les échéances de remboursement en cas de difficultés passagères.

Ces conditions devraient favoriser l'accès au logement pour tous. Attention, mesure anticapitaliste !

N'ayant plus matière à s'exercer, la spéculation sur les variations de taux d'intérêt disparaitrait. Pas de taux d'intérêt variables = pas de spéculation.

c) - Exercice du pouvoir par la Banque de France

Ce passage technique est réservé aux spécialistes et économistes ayant une parfaite connaissance des circuits monétaires.

Les recommandations qui suivent, s'appliquent à la Banque centrale afin qu'elle puisse contrôler **effectivement** l'émission monétaire et avoir la maîtrise totale du système pour qu'enfin elle exerce la politique monétaire qui lui fait défaut actuellement. Elle doit cesser de faire semblant !

La première mesure consiste à l'obliger à exercer son rôle de Super-banque à la sortie de la compensation et de ne plus se borner à servir de simple chambre d'enregistrement comptable des opérations. Elle doit se substituer aux marchés de gré à gré et interbancaires, supprimés pour la circonstance.

A la sortie de la compensation, on sait que les positions débitrices sont égales aux positions créditrices. Les banques ne règleraient plus leurs positions les unes vis-à-vis des autres comme c'était le cas avant la tempête monétaire, mais vis-à-vis de l'autorité monétaire. L'Institut d'émission porterait les positions des unes et des autres à un compte spécifique **indisponible** ouvert au nom de chacune d'elles, et fixerait un taux d'intérêt au jour le jour, en attendant la suppression des taux et leur remplacement par une commission d'intervention. Les positions journalières s'accumulant, ces comptes spécifiques varient quotidiennement dans l'équilibre comptable : débit = crédit. La Super-banque fixerait les découverts maxima autorisés jusqu'à la mise en place de la couverture du risque d'insolvabilité visée au-dessus. Cette mesure aurait permis (si elle avait été mise en place lorsque les titres donnés en garantie sont devenus toxiques) et devrait permettre à la fois d'éviter l'émission de monnaie centrale en surabondance et d'alimenter la trappe à liquidités.

Les banques doivent avoir pour interdiction **absolue** de "faire passer" par la compensation leurs opérations pour propre compte. Les banques ne doivent plus tirer sur elles-mêmes, mais utiliser un compte de dépôt à vue **séparé** ouvert à la Banque centrale pour encaisser ou payer, soumis aux mêmes règles que tout un chacun, c'est-à-dire approvisionné ou sur la base de lignes de crédit dûment autorisées par elle. Avec toutefois une exception, pour des raisons pratiques : le règlement des salaires de leur personnel et l'encaissement des intérêts et agios de leurs clients, tous titulaires de comptes ouverts chez chacune d'elles.

- mesure d'ordre : la banque centrale ne fait que son travail, et

- mesure d'assainissement : les titres remis en garantie n'ont plus lieu d'exister puisque les risques d'insolvabilité sont couverts, et les banques sont mieux encadrées.

Cela nous donnerait en substance, deux courants monétaires traversant les banques de dépôts (créatrices de monnaie) : les concours aux agents non bancaires (ANB), contrôlés par le pouvoir monétaire et garantis par l'assurance du risque d'insolvabilité, d'une part, et les opérations pour propre compte, doublement encadrées : une première fois par le ratio de solvabilité et une deuxième fois par le contrôle de l'utilisation des crédits consentis aux banques par la Banque centrale, d'autre part.

Le système serait ainsi verrouillé.

Le dispositif des réserves obligatoires serait aboli. La monnaie scripturale centrale ne servirait qu'aux échanges entre les titulaires d'un compte à la Banque centrale, comme c'est le cas actuellement mais sous son **contrôle effectif.**

7.2 - Réforme administrée du système monétaire et bancaire par la séparation des activités bancaires au moyen d'une seule monnaie : la monnaie centrale (option 2)

L'objectif de cette réforme est d'utiliser exclusivement la monnaie émise par la Banque centrale pour toutes les transactions domestiques, soit donc les deux monnaies fiduciaire et scripturale. En conséquence les banques commerciales perdraient le privilège de battre **monnaie**, c'est-à-dire la seule qu'elles émettaient : la monnaie **scripturale secondaire**.

Cette réforme s'inspire de celle que les Suisses appellent "Initiative Monnaie Pleine", que l'auteur a longuement analysée avant d'en communiquer ses observations aux responsables Suisses du projet.

Ce passage technique est réservé aux spécialistes et économistes ayant une parfaite connaissance des circuits monétaires. Que le non-initié veuille bien pardonner ce nouveau passage technique.

Il nous semble utile, tout d'abord, de donner quelques règles comptables concernant les bilans financiers de toute entreprise et tout particulièrement ceux des banques émettrices de monnaie.

Puisque nous sommes dans une société d'endettement, la monnaie scripturale (celle dont nous disposons à notre compte) inscrite au passif de la banque a toujours pour **contrepartie** une créance à son actif (celle de l'emprunteur). Ainsi que nous l'avons vu précédemment, les mouvements perpétuels entre agents non bancaires (ANB) ne changent rien à cette règle si l'on prend en considération la somme des bilans bancaires, ce qui en terme comptable s'appelle la consolidation des comptes.

Ceci pour bien comprendre que l'on ne peut pas utiliser une seule monnaie, en l'occurrence la monnaie centrale, celle émise par l'Institut d'émission si celui-ci n'a pas toutes les contreparties à son bilan. Plus précisément, cela veut dire que les créances à l'origine de la monnaie émise par l'Institut sont nécessairement inscrites à l'actif de son bilan ; cela veut dire également que les banques de dépôt possèderont des **créances sur la banque centrale** - non plus de créances sur la clientèle à **leur actif** - d'un montant total égal à celui des dépôts à vue (DAV) et à terme (DAT) en monnaie centrale à **leur passif**.

Cette règle n'a pas toujours été bien comprise par ceux-là même qui en Suisse sont chargés de la mise au point de l'Initiative Monnaie Pleine avant sa votation.

Voici à présent les modalités de la réforme administrée du système monétaire et bancaire, telle que nous l'avons conçue :

On partira de l'hypothèse que les modalités de passage d'un système à l'autre sont réglées.

La Banque centrale accorderait à l'Etat les crédits nécessaires au financement des investissements publics et à la régulation monétaire de l'activité de production (monnaie dite permanente), d'une part, et accorderait aux banques commerciales les crédits nécessaires aux ANB et à elles-mêmes, d'autre part, ainsi qu'il a été déjà dit.

Elle contrôlerait ainsi les concours à l'économie du secteur bancaire et privé.

Les banques ne peuvent plus émettre de monnaie.

Cette réforme repose sur l'organisation comptable des comptes, comme suit :

Chaque banque disposerait de 2 comptes distincts à l'Institut d'émission dont le nom généralise la fonction. L'un pour les opérations avec la clientèle sans exception, l'autre exclusivement réservé à ses transactions propres. Le traitement en compensation devrait isoler évidemment la nature des opérations vers l'un ou l'autre compte, ce qui ne soulève aucune difficulté nous semble-t-il.

Les banques de dépôt n'en ont plus que le nom, puisque les fonds [dépôts à vue (DAV) et à terme (DAT)] seraient déposés à la Banque de France qui connaîtrait ainsi au jour le jour les dépôts à terme (DAT), c'est-à-dire l'épargne déposée dans les banques.

Cette nouvelle organisation apporte à l'Etat l'instrument de bord de la régulation monétaire dont il aurait la charge.

En résumé, la Banque centrale, seul pouvoir de décision en la matière, accorde les crédits demandés :

- par les banques pour le compte des ANB,

- par les banques pour leur propre compte,

selon la procédure générale nouvellement instaurée.

Le système est alors complètement bouclé et sécurisé.

Observation n° 14

Nous préconisons de préférence cette dernière réforme - dite administrée - à la précédente, en raison justement des contraintes qu'elle impose aux banques. Elle sépare *de facto* les activités de la banque d'affaires (ou spéculatives) des activités de la banque de dépôt.

Ainsi, il n'existerait plus de monnaie secondaire, la seule monnaie ayant cours légal devenant la monnaie centrale, fiduciaire et scripturale.

En outre, la banque ne tire plus sur ses caisses, mais comme tout établissement financier qu'elle devient, elle tire sur sa Banque centrale.

Enfin, les défauts de paiement des ANB sont couverts par une assurance dont la prime est ajoutée au taux d'intérêt.

8 - L'Union européenne et l'euro

Il nous paraît utile de rapporter un extrait du discours *prémonitoire* de Pierre Mendès-France contre le traité de Rome le 18 janvier 1957, opportunément repris le 25 mars 2017 sur le blog lescrises.fr par Olivier Berruyer :

> *Il m'est arrivé souvent de recommander plus de rigueur dans notre gestion économique. Mais **je ne suis pas résigné à en faire juge un aréopage européen dans lequel règne un esprit qui est loin d'être le nôtre. Nous ne pouvons pas nous laisser dépouiller de notre liberté de décision** dans des matières qui touchent d'aussi près notre conception même du progrès et de la justice sociale ; les suites peuvent en être trop graves du point de vue social comme du point de vue politique. Prenons-y bien garde aussi : **le mécanisme une fois mis en marche, nous ne pourrons plus l'arrêter** [...] car ensuite, les décisions seront prises à la majorité.*
>
> ***L'abdication d'une démocratie*** *peut prendre deux formes, soit le recours à une dictature interne par la remise de tous les pouvoirs à un homme providentiel, soit **la délégation de ces pouvoirs à une autorité extérieure**, laquelle, **au nom de la technique**, exercera en réalité la puissance politique, car au nom d'une saine économie, on en vient aisément à **dicter une politique** monétaire, budgétaire, sociale, finalement « une politique », au sens le plus large du mot, nationale et internationale. »*

L'Union européenne vacille sous le poids des erreurs commises dans la conception supranationale de ses traités (Rome, Maastricht, Amsterdam, Nice et Lisbonne), étant rappelé que le projet de Constitution européenne a été rejeté par référendum le 29 mai 2015 par la France et quelques jours plus tard, le 2 juin, par les

Néerlandais. Il a fallu 3 traités (les trois derniers) pour faire passer en force l'Union européenne selon Maastricht contre l'avis de ces deux peuples ; c'est un grave déni de démocratie imposé vraisemblablement par les forces capitalistes.

La première erreur a été de croire ou de faire croire que l'institution d'un pouvoir monétaire européen entraînerait celle d'un pouvoir politique. Erreur fatale, car le pouvoir monétaire concentré entre les mains de la BCE (pour la zone euro) et celui de l'économie (pour toute l'Europe) entre les mains de la Commission européenne, bras exécutif de l'UE, ont retiré aux pays membres les moyens d'exercer leur souveraineté. Rappelons que les budgets nationaux sont soumis à l'accord de la Commission même s'ils ont eu l'approbation des Parlements nationaux. Rappelons également que le budget national de la France - comme il en est probablement des autres pays de l'UE - est bâti sur les bases des critères de Maastricht limitant les déficits publics à 3% du PIB.

Nous avons vu au chapitre A3 « Le fonctionnement de l'Etat, son budget et ses investissements » que les bases du calcul du déficit comprennent l'investissement public, ce qui fait de ce critère d'ordre macroéconomique un instrument de politique nationale entre les mains de la Commission.

Il n'est pas étonnant que les Anglais - qui avaient conservé leur monnaie - aient choisi de quitter l'Union.

La deuxième erreur a été de faire entrer dans l'Union des pays dont le développement économique était très en retard sur celui des pays fondateurs, avec pour conséquence une mise en concurrence insupportable en raison de la règle imposée relative à la libre circulation des personnes et des marchandises en Europe. L'histoire du plombier polonais est encore dans toutes les mémoires.

Ce qui aurait peut-être été réalisable entre les 6 pays signataires du traité de Rome (Allemagne, Belgique, France Italie, Luxembourg et Pays-Bas) n'avait plus aucune chance de réussite à 28/27.

La Grèce a bénéficié d'un traitement de faveur. Elle a été embrigadée de force dans l'Union, bien qu'elle ne remplissait pas les critères requis à l'époque. Voici ce qu'écrivait Alexandre Coste le 10 septembre 2012 dans Marianne.net

L'ombre de Goldman Sachs

« Aucun pays de la zone euro ne pourra rembourser ses dettes, Allemagne comprise, et on continue d'étrangler les peuples », se navre L'ARSENE. « Ceux qui disent que seule la Grèce est responsable de ses problèmes devraient aller voir du côté de Goldman Sachs et aussi des gouvernements allemands et français à l'époque de l'entrée de la Grèce dans la zone euro. » Goldman Sachs, un nom qui revient régulièrement dans les commentaires. Cette banque d'investissement est accusée d'être en grande partie responsable de l'actuelle crise grecque : « C'est bien les Goldman Sachs' boys qui ont présentés des comptes faux que je sache, et non point les travailleurs Grecs », rappelle ainsi Pépin LECOURT. Mais quel rôle a joué la compagnie dans la déroute financière du pays ? « Maquillage des comptes grecs pour l'entrée dans l'Euro, accompagné d'un prêt « secret » (400 millions d'euros par an à rembourser jusqu'en 2037) et implantation de hauts cadres Goldman Sachs à la BCE, dans les institutions politiques et économiques européennes, à la direction de pays », explique Jean LABORDES en prenant

appui sur le documentaire diffusé sur ARTE (*) la semaine dernière au sujet de la firme. L'institution tentaculaire aurait donc sciemment profité des difficultés financières de la Grèce afin d'engranger des sommes colossales, quitte pour cela à plonger le pays dans une misère durable.

(*) le lien avec la chaîne ARTE a disparu (constaté en janvier 2015)

Bien que cela n'ait pas été divulgué *urbi et orbi* la Commission européenne a distribué des sommes considérables au titre de l'aide à la préadhésion pour soi-disant permettre aux pays candidats de remplir les critères exigés. La Turquie, dont la plupart des pays de l'Union ne veulent pas, s'est vu octroyer 4,9 milliards d'euros à ce titre depuis 2007. Fort heureusement en juillet 2016, le vice-président allemand a appelé à « geler d'urgence » les milliards d'euros versés par l'UE à la Turquie au titre du « renforcement des droits de l'Homme et des libertés fondamentales » que Erdogan foule gaillardement aux pieds depuis des années avec une vigueur accrue depuis la tentative de putsch, dont on peut se poser la question de savoir s'il n'en est pas lui-même l'instigateur.

On comprend que dans ces conditions aucun pays ne puisse résister à la tentation, d'où le succès de l'intégration de tous ces pays "en voie de développement", notamment les anciens pays du bloc soviétique !

Investie de pouvoirs exceptionnels, rien n'arrête plus la Commission européenne dans l'émission de directives tous azimuts, y compris les normes à respecter dans des domaines aussi variés que celui des fromages français et des wc, par exemple. On en dénombre plus de 1.000

allant jusqu'à 2.000 si l'on en juge d'après les numéros d'ordre.

Yves Thréard écrit dans le Figaro du 16 mars 2017 :

Depuis vingt ans, la France et ses voisins pestent contre une directive européenne qui encourage le dumping social. La directive Bolkestein, du nom d'un commissaire européen de l'époque, dite aussi du « travailleur détaché » : un salarié qui est envoyé par son employeur dans un autre État de l'Union pour y fournir un service temporaire relève du régime de son pays d'origine pour les charges sociales. En France, ils sont ainsi quelque 300 000, venus en majorité d'Europe centrale, à œuvrer dans le bâtiment, l'industrie et l'agriculture. Le système fausse la concurrence. Pire, il favorise les abus.

Mais ce qui n'est plus du tout risible, ce sont les directives dont nos paysans et nos petits commerçants font les frais : normes techniques des installations agricoles et d'hygiène dans la restauration notamment, imposant à ces professionnels des frais insupportables dans leurs activités. L'objectif de la Commission semble être la disparition des PME afin de faire place nette aux lobbies agro-chimiques pratiquant la culture intensive avec les conséquences que l'on connaît sur la santé humaine. Leur cupidité est telle qu'ils ne voient pas que leurs descendants - eux aussi - paieront leurs forfaits.

Selon une étude de l'agence de santé publique (publiée en octobre 2016), 300 agriculteurs se sont suicidés en 2010 et 2011, un tous les deux jours. Un taux supérieur de 20 % au reste de la population. On ne sait rien depuis 5 ans, mais peut-être n'osent-on plus les publier. Les études faites sur les origines de ces suicides se gardent bien d'inclure dans leurs paramètres les conséquences des directives de Bruxelles qui ne peuvent pas être neutres.

Les médias avancent aussitôt que des subventions sont octroyées au titre de la PAC (Politique Agricole Commune), mais ce ne sont pas les petites exploitations qui en bénéficient, bien au contraire car voici ce que l'on peut lire sur :

http://www.lesenquetesducontribuable.fr/2015/05/27/aides-agricoles-priorite-aux-riches/49221

> *Les gros se cachent derrière les petits pour obtenir la plus grosse part des subventions. En 2008 l'Europe a obligé les différents États à publier les aides versées. Les plus gros bénéficiaires étaient de grosses sociétés (en France les éleveurs de poulets, les sucriers, les marques de Cognac ou de Champagne), de gros propriétaires fonciers (le prince de Monaco, les riziculteurs de Camargue, etc.) et des ONG (Restos du cœur, Secours populaire…). Le tollé a été tel que l'obligation de publication est désormais limitée aux seules sociétés. Tandis que les gros prospèrent, 60 % des exploitations européennes reçoivent moins de 20 000 euros par an, soit environ 20 % du total des aides.*

La France était contributrice nette de près de 6 mds€ en 2013.

Il faut savoir par ailleurs que la Pologne reçoit du budget européen plus de subventions qu'elle n'y contribue. En 2014, elle a reçu près de 14 mds€ net qu'elle a consacrés presque entièrement à des achats d'armes. En définitive, l'UE finance les entreprises d'armements européennes, allemandes et françaises, pour équiper la Pologne. Le marché de l'armement ne s'est jamais si bien porté (lire les journaux).

Il n'est d'ailleurs pas exclu que les foyers de guerre au Moyen orient ne soient générés et entretenus par les industriels de l'armement. S'il n'y a pas de guerre, on ne vend plus d'armes !

Enfin, l'erreur la plus coupable a été de conférer à la Commission européenne - par voie de traités - l'autorité pour prendre des décisions supranationales et des débordements qui en ont suivis.

Ainsi le Président de la Commission Jean-Claude Junker, au plus fort de la crise grecque, a eu cette formule scandaleuse de la part d'un haut fonctionnaire : « *Il ne peut y avoir de choix démocratique contre les traités européens* ».

Cet homme a été Premier ministre du Grand-duché de 1995 à 2013, exerçant en même temps les fonctions de ministre des finances et du Trésor. Il a été à l'époque l'organisateur de l'exil fiscal des grandes entreprises, scandale dénoncé par Luxleaks en novembre 2015. En raison de ces révélations, une commission d'enquête a été ordonnée. Comme chacun sait pour enterrer une affaire le plus simple est de créer une commission, mais comme le grand ordonnateur des pompes funèbres est le nouveau Président de la Commission européenne, qui est - caprice du sort ! - l'ancien premier ministre luxembourgeois, l'affaire suit son cours ...

Il ferait mieux de se taire.

Dans un article du 11 décembre 2016, Jacques Sapir écrit à propos de cet individu :

M. Juncker trahit le fait qu'il considère que la Commission européenne est bien une instance supérieure aux gouvernements des pays membres, une instance dont la légitimité lui permet à lui, petit politicien faisandé d'un pays dont les pratiques fiscales constituent un scandale permanent, de dicter ses conditions.

Enfin, la Commission se permet d'imposer des réformes d'austérité qui ont pour effet d'étouffer les économies nationales. Avec la bénédiction de nos gouvernants, tous serviteurs zélés du capitalisme pur et dur.

Voici l'extrait d'un article de Romaric Godin que l'on relève sur le site les-crises.fr en mai 2016 :

> *On l'a vu avec la Grèce. Lundi,* l'Eurogroupe a demandé officiellement la mise en place d'un mécanisme d'austérité « automatique » *pour atteindre l'objectif très ambitieux d'un excédent primaire de 3,5 % du PIB en 2018, le tout étant accompagné d'une nouvelle série de mesures de réductions de dépenses et de hausse d'impôt pour un montant global de 5,5 % du PIB hellénique.*
>
> *Mais les autorités européennes ne s'en tiennent pas à la seule Grèce. Selon les informations publiées sur les sites bruxellois* Euractiv *et* Politico *et dans le quotidien allemand* Süddeutsche Zeitung,_l'Espagne *et le Portugal devraient faire face à de nouvelles exigences de Bruxelles sur le plan budgétaire. Le collège des commissaires mardi 10 mai se serait mis d'accord sur ce principe. Les budgets espagnols et portugais avaient été validés avec des réserves lors du semestre européen et la Commission estime désormais que les deux pays n'ont pas fait suffisamment d'efforts pour réduire leur déficit et le ramener dans les clous du « pacte de croissance et de stabilité » qui prévoit un déficit public inférieur à 3 % du PIB.*

Et, on a vu comment est calculé le déficit selon Maastricht. Si les comptes étaient faits correctement il n'y aurait peut-être pas de déficit en Grèce. Ce qui évidemment ne change rien à la dette grecque et à l'obligation de remboursement. C'est l'objet du chapitre suivant.

Observation n° 15

Le pouvoir monétaire concentré entre les mains de la BCE (pour la zone euro) et celui de l'économie (pour toute l'Europe) entre les mains de la Commission européenne, bras exécutif de l'UE, ont retiré aux pays membres les moyens d'exercer leur souveraineté, portant atteinte par là même à la démocratie.

La Commission européenne émet des directives qui sont souvent contraires aux intérêts des Etats membres, mais pas à celui de puissants lobbies (ex. : CETA et TAFTA en cours de négociation contre l'avis général). Pour qui roule la Commission ?

Mais qu'attendons-nous pour quitter l'Union européenne, comme l'a fait l'Angleterre, et recouvrer notre indépendance et notre souveraineté ? Le feu et le sang, peut-être !

Il ne faut surtout se laisser impressionner par ceux qui prétendent qu'en quittant l'Union et/ou l'euro on s'expose à des catastrophes. Ces oiseaux de mauvais augure n'en savent rien ; ils ne cherchent qu'à protéger leurs intérêts.

9 - La dette

On cherchera à distinguer la dette privée de la dette publique, car elles n'ont pas les mêmes origines et les mêmes conséquences sur l'économie. On cherchera ensuite à séparer les dettes qui ont un impact direct sur l'activité de production (PIB) de celles qui sont relatives à des opérations purement financières (Bourse, OPA, rachat d'entreprises, fusions-absorptions, etc.) et spéculatives.

La dette privée :

On peut la scinder en trois parties :

a) - la dette des ménages qui a pour objet de couvrir des dépenses de consommation (dette à court terme, tout au plus un an), des dépenses de matériels, mobiliers et véhicules automobiles (dettes à moyen terme, entre 1 et 5 ans) et l'acquisition de logement (dettes à long terme, plus de 5 ans).

b) - la dette des entreprises (hors sociétés financières) qui a pour objet de couvrir leur fonds de roulement (dette à court terme) et leurs investissements (dette à moyen et long termes).

Elle peut prendre la forme d'un emprunt direct auprès d'une banque ou d'un établissement financier, ou bien celle d'obligations émises sur les marchés souscrites par des investisseurs nationaux ou étrangers. Il est important de noter que les dettes consenties par les banques et les établissements de crédit (leurs filiales) sont nées de la création monétaire ex-nihilo, alors que les émissions de bons et obligations d'entreprises proviennent de monnaie déjà existante, excepté s'il s'agit de souscription bancaire.

Ce sont généralement des sociétés spécialisées, assez souvent des filiales de banques, qui financent la dette privée telle que nous l'avons définie au-dessus.

A noter que les entreprises empruntent pour accroitre leur capacité de production quand les affaires marchent et auraient tendance à se désendetter quand elles ne marchent pas. L'activité de production (PIB) s'en trouve alors affectée dans un sens ou dans l'autre.

c) - la dette des entreprises qui a pour objet de financer des rachats de groupe ou de participations de grande dimension, c'est-à-dire pour plusieurs milliards d'euros. Ce type de financement *devrait être interdit* aux banques car il ne s'agit plus de financer l'activité de production mais l'activité purement financière et dans ce cas l'émission de monnaie nouvelle n'a plus aucune justification économique. Les rachats d'entreprises devraient être financés par de l'épargne collectée à cet effet par des établissements de crédit spécialisés, indépendants du système bancaire.

L'essor de la dette privée dans le monde inquiète (cf. les Echos 06/06/2016).

Au chapitre B7 « Réforme du système monétaire » nous avons proposé que tous les prêts accordés par le système bancaire à des agents non bancaires (ANB) soient couverts par une assurance contre le risque d'impayé ; la cotisation d'assurance serait alors portée en augmentation du taux d'intérêt sur la durée de l'emprunt. Dans cette hypothèse, il n'y aurait plus lieu de s'inquiéter de l'ampleur de cette forme de dette (a et b) à condition de bien calibrer la prime.

En supposant que la dette privée soit une dette domestique, on ne peut toutefois pas ignorer l'incidence que peut avoir l'origine - nationale ou étrangère - des échanges sur lesquels repose cette dette. C'est ce que nous examinerons plus bas.

La dette publique :

En voici la définition donnée par Wikipedia :

> *La dette publique est, dans le domaine des finances publiques, l'ensemble des engagements financiers pris **sous formes d'emprunts par l'État**, les collectivités publiques et les organismes qui en dépendent directement (certaines entreprises publiques, les organismes de sécurité sociale, etc.).*

Cette définition nous paraît incomplète, car la dette publique est pour partie négociable « *sous formes d'emprunts par l'État* » et pour partie non négociable (cf. Agence France Trésor - Définition et périmètre).

C'est l'ensemble des deux qui est retenu pour le calcul du critère de Maastricht, ce qui est pour le moins étonnant sachant qu'elle finance principalement les investissements de l'Etat ; c'est ce que nous avons montré au chapitre A3 « Le budget de l'Etat, ses investissements et le déficit public ».

La dette négociable (1.621 mds€ à fin 2016) est faite de bons et d'obligations d'Etat placés sur les marchés financiers auprès d'investisseurs nationaux et étrangers (banques, fonds de placement, compagnies d'assurance) appelés les zinzins c'est-à-dire les Investisseurs institutionnels. Elle était détenue à hauteur de 62% environ à fin 2016 par des non-résidents, généralement des zinzins étrangers.

La partie non négociable de la dette (la différence, soit 526 mds€ à fin 2016) correspond à des dépôts d'organismes publics sur le compte du Trésor à la

Banque de France, dépôts donc à la disposition de l'Etat qui s'en sert évidemment comme il l'a fait de tout temps.

Il est important de noter que les bons et obligations servent principalement de collatéraux dans les opérations de règlements interbancaires à la sortie de la compensation (Target2 pour l'euro). Car, dans l'hypothèse où notre proposition de monnaie permanente serait adoptée (chapitre A3) reprise ci-après :

Ainsi, la création de monnaie permanente à destination exclusive de l'Etat, rendue possible en Europe par la dénonciation ou renégociation des accords de Maastricht, met fin à l'intervention des marchés financiers et des agences de notation sur une dette souveraine qui ne court plus aucun risque de défaut de paiement. Et pour cause, il n'y a plus de dette souveraine sur les marchés !

S'il n'y a plus de dette sur les marchés comment faire pour garantir les « découverts » des banques les unes envers les autres ?

Il convient tout d'abord de sérier les problèmes pour avancer des solutions :

a) entre banques nationales,

Selon des dispositions proposées au chapitre B4 « l'organisation du système bancaire » l'inscription des soldes journaliers aux comptes des banques à la Banque de France supprime la nécessité d'une garantie (dette souveraine) puisque c'est la Banque centrale nationale qui en assume directement la charge et en contrôle les limites.

b) entre banques européennes de la zone euro

On peut prévoir d'instituer un accord entre BCN, consolidé par une garantie des Etats en présence, ce qui aurait pour effet de substituer une garantie d'ordre général à une garantie formalisée par un bon ou une obligation d'Etat. Plus simple donc.

c) entre banques dans des monnaies différentes

Comme c'est le cas actuellement, rien ne change. Les banques se procurent les devises nécessaires sur les marchés pour exécuter les ordres de leurs clients dans la monnaie choisie. Les réserves en devises de la Banque centrale du pays doit répondre à la demande des banques. S'il n'y a plus de réserves, on est ramené au problème précédent.

On a exposé au chapitre A4 « La mondialisation des échanges » une règle relative à la balance des échanges extérieurs :

> *A la somme des balances bénéficiaires d'un ensemble de pays correspond par symétrie la somme des balances déficitaires de l'ensemble des autres pays.*

Ainsi donc un pays dont la balance est déficitaire a une dette équivalente envers les pays qui sont par symétrie bénéficiaires. Règle de la contrepartie dans les échanges.

Le système Target2 pour la zone euro met en évidence cette règle des contreparties. Voici ce que nous dit la Banque de France dans une note Focus du 31 mai 2012 à propos du « Rôle des positions des banques centrales dans Target2 » :

> *... Ce système de soldes TARGET2 non contraints n'a naturellement de sens qu'à l'intérieur de l'Union monétaire, dans le cadre d'une politique monétaire unique dont il traduit bien l'unicité : lorsqu'on établit les comptes de l'Eurosystème, les soldes créditeurs des uns sont les soldes débiteurs des autres et le solde consolidé est nul.*

La dette des pays de la zone euro envers l'Allemagne ne cesse de croître au fur et à mesure que croissent les excédents de ce pays. Le 14 février 2016, upr.fr titrait : *le graphique qui affole les européistes : « Target2 »* et de montrer que les débiteurs de l'Allemagne sont parti de zéro en 2007 pour passer à 6.000 mds€ à fin 2015 avec une pointe à plus de 7.000 mds€ en 2012.

Tout se paye. C'est la rançon de la gloire !

L'Allemagne vendrait-elle ses produits à des clients, résidents de pays insolvables ?

D'où une règle simple, quelle que soit la monnaie : l'Etat est seul responsable de la balance des échanges commerciaux de ses ressortissants, que celle-ci soit bénéficiaire ou déficitaire, règle de la responsabilité partagée.

Le tableau ci-dessous montre la situation des dettes de quelques pays rapportées à leur PIB, avec en regard le solde ou balance de leur commerce extérieur sur une durée de 20 ans.

PAYS	2015 au 31/12	% PIB	Solde extérieur sur 20 ans
en milliards d'euros			
Allemagne	2 157,9	71,2	2 347,9
France	2 362,3	95,8	-201,9
Grèce	311,7	176,9	-290,8
Italie	2 172,7	132,7	250,6

Source : OCDE

Les soldes extérieurs ci-dessus se rapportent à des transactions internationales, quelle que soit la devise.

Il met en lumière l'importance que représente, pour la Grèce par exemple, l'accumulation des déficits commerciaux sur une longue période. Pour ce pays, la dette à fin 2015 s'élevait donc à 311,7 mds€ soit 176,9% du PIB, tandis que l'accumulation de ses déficits commerciaux atteignaient 290,8 mds€ soit 165,5% du PIB. Ignorant la part de l'Etat dans le déficit extérieur, il n'est pas possible de déterminer à combien s'élève la somme des deux dettes : publique (311,7 mds€) et privée (<290.8 mds€). La première servant de garantie à la seconde !

Ajoutons toutefois que le matelas pour résorber la seconde est représenté par les réserves en devises (s'il y en a) et le patrimoine du pays.

Comment ce pays en est-il arrivé à une dette extérieure aussi impressionnante. Voici ce que l'on apprend le 7 Juin 2011 sur Marianne2.fr par Jean-Louis Denier - Tribune :

La Grèce est endettée mais surarmée. Cherchez l'erreur !

... 2000-2010 : prêts à outrance pour achats d'armes à outrance. Entre mars 2005 et septembre 2008, les engagements des banques d'Europe occidentale en Grèce ont doublé. Ils sont passés de 80 à 160 milliards de dollars US. Parmi les établissements financiers les plus généreux, on retrouve des banques françaises, elles sont détentrices de près d'un tiers de la dette publique grecque. N'oublions pas leurs consœurs allemandes, elles s'adjugent 15% des créances prises sur l'Etat grec...

On peut en conclure que la Grèce est en défaut de paiement principalement en raison de ses déficits commerciaux accumulés. Il suffirait donc que ses partenaires - au rang desquels figurent en bonne place l'Allemagne et la France - s'entendent pour que ce pays renoue avec de forts excédents pour que sa dette soit résorbée et ses créanciers remboursés.

Notons ici que notre proposition d'équilibrer les échanges internationaux (chapitre A4) par des accords mutuels mettrait un terme définitif à ce genre de situation.

Mais alors que cessent les menaces et les exigences insoutenables formulées par la Troïka (BCE, Commission européenne et le FMI) sous la pression scandaleuse de l'Allemagne qui semble avoir un compte à régler (dommages de guerre non acquittés ?) avec la Grèce.

Voici un extrait d'une interview de Thomas Piketty rapportée par lefigaro.fr le 10/07/2015, intitulée « L'économiste Thomas Piketty estime que le pays qui a bénéficié d'un effacement de sa dette est mal placé pour donner des leçons aux Grecs. »

millions de marks en 1961 (soit un peu moins de 65 millions de dollars)...

On se retrouve dans le schéma capitaliste classique qui consiste à tenir un pays par la dette afin de le faire plier.

Voici ce qu'écrit François Asselineau le 13 février 2011 sur upr.fr :

Grèce : l'UE, la BCE et le FMI préparent le pillage du patrimoine

La commission européenne et le FMI veulent forcer la Grèce à vendre des plages et l'ancien aéroport d'Athènes à des sociétés privées.

L'annonce qui a le plus scandalisé les Grecs concerne la révision à la hausse de l'objectif de privatisations souhaité par la « troïka » FMI-UE-BCE : 50 milliards d'euros d'ici à 2015, au lieu de 7 milliards sur trois ans initialement annoncés.

Et une citation de John Adams :

"Il y a deux manières d'asservir une nation, l'une par les armes, l'autre par la dette."

La malheureuse Grèce en est le dernier exemple vivant : de la dette par les armes !

Pourquoi un tel acharnement de la part de ses créanciers ?

Il est fort probable que l'origine des ennuis de la Grèce repose sur le refus du gouvernement grec de renouveler fin 2010 les contrats d'armement avec l'Allemagne et la France. Dans cette hypothèse, les crédits grand ouverts par les banques de ces pays à la Grèce ont été soudainement interrompus avec une mise en demeure de rembourser à leur échéance les dettes passées. On n'a pas proposé à ce pays de "rendre les armes" achetées à mauvais escient à ses créanciers / fournisseurs !

En définitive, l'endettement public de notre pays - ainsi que pour les autres, vraisemblablement - n'est pas dû, contrairement à ce que l'on clame partout à un déficit qui s'expliquerait par la gabegie des dépenses, mais plutôt aux investissements publics comme cela a été démontré au chapitre A3.

En revanche, la gabegie des dépenses publiques ne cessent de croître et embellir, non pas par un recours à la dette puisqu'elle est limitée mais par un moyen plus insidieux qui consiste à réduire les dépenses utiles (limitation des effectifs et des moyens matériels dans les domaines de la santé, de la police, de la justice, des établissements pénitentiaires, des armées, etc. ainsi que l'abandon total de l'entretien des bâtiments) et par la vente des biens du domaine public chaque fois cela est possible. La Tour Eiffel serait vendue depuis longtemps si elle n'était pas un bien protégé et un symbole de la France.

Revenons à la dette. On est amené à se poser la question de savoir comment a été fixé le critère de Maastricht **limitant la dette publique à 60% du PIB**.

Le tableau ci-dessous devrait nous y aider. Il montre que le taux ayant servi de base à ce critère est celui qui avait cours à l'époque du traité (1992).

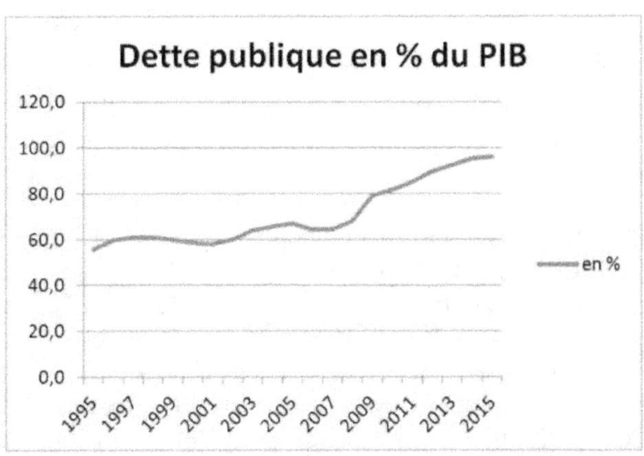

Le décrochement de la France se situe peu après la crise des subprimes en 2008. Ce qui peut laisser supposer que les suites de cette crise ne sont pas étrangères à ce décrochement. Maintenir la limite de la dette à un plafond de 60% du PIB n'a plus aucune signification économique aujourd'hui, ce qui ouvre un boulevard à des motifs purement politiques.

La situation économique qui pouvait fonder ce critère en 1992 est devenue au fil des évènements une raison politique de faire plier les Etats aux oukases de la Commission européenne quelle que soit l'influence des évènements en la circonstance.

La dernière question qui se pose. Comment rembourser cette dette qui frôle les 100% de notre PIB ?

Rappelons qu'au début de ce chapitre nous avons souligné l'existence de deux parties de la dette publique, dont personne *étonnamment* ne parle : la partie négociable et celle qui ne l'est pas. La première est la seule dette véritablement exigible, ce qui la ramène à 75% du PIB au lieu de 100%, la seconde n'étant plus qu'une question de trésorerie nationale entre l'Etat et ses organismes publics et semi-publics. On ne voit pas pourquoi cette dernière devrait faire l'objet d'un remboursement quelconque. Il est tout de même surprenant que les deux soient cumulées pour servir de base au critère de Maastricht. Il y a là encore une entourloupe.

Rappelons enfin que la dette négociable était détenue à hauteur de 62% environ à fin 2016 par des non-résidents, ce qui la situe à cette date à environ 1.000 mds d'euros.

Voici notre proposition, étant bien entendu que l'on ne peut rien décider si nous ne recouvrons pas auparavant notre souveraineté, mise à mal par l'Union européenne : en matière monétaire par la BCE et en matière économique par la Commission.

La dette négociable serait remboursée *par anticipation* par la Banque de France après le retour au franc. Elle pourrait l'être auparavant en euro si la BCE ne s'y opposait pas, ce qui paraît exclu.

Selon Jacques Sapir, 97% de la dette est émise en droit français, ce qui veut dire que les dispositions qui seraient prises pour l'ensemble pourraient entraîner les 3% restants. A défaut, ceux-ci seraient remboursés à leur échéance.

On partira donc de l'hypothèse que la France décide de revenir au franc et échange les euros contre francs au taux de conversion de : 1 euro = 1 franc, ce qui ne semble pas poser problème car toujours selon Jacques Sapir - et on a tout lieu de le croire :

> ... *la Lex Monetae, ou Loi Monétaire, indique précisément que toute dette émise dans le droit d'un pays peut-être re-dénominée dans une nouvelle monnaie, si ce pays se décide à changer de monnaie* ...

Ici, la Banque de France émettrait en faveur du Trésor Public la monnaie nécessaire au remboursement par anticipation de la dette négociable en francs, augmentés des intérêts dus à la date choisie. Dans cette hypothèse, les détenteurs des titres de la dette se précipiteraient pour être remboursés, le taux de change du franc contre euro risquant fort de leur être défavorable en cas d'attente.

Dans cette hypothèse du retour à la monnaie nationale, l'euro serait conservé pour toutes les transactions, sans exception, avec l'extérieur (pays d'Europe et autres). La monnaie nationale serait utilisée à usage domestique et son cours contre l'euro serait fixé une fois par an, afin d'éviter la spéculation. Les pays de la zone pourraient être incités à en faire autant.

Nous avons vu chapitre B4 déjà cité que les titres souverains (collatéraux) pouvaient être retirés de la circulation si le système bancaire était réorganisé.

Mais alors, où les zinzins vont-ils placer leurs disponibilités ?

Il leur reste ce qui les a toujours attirés : la spéculation sur les marchés de titres notamment. De plus, le gouvernement pourrait même prévoir de leur accorder un régime fiscal avantageux pour tout investissement dans l'innovation, l'environnement, les start-ups, etc. Les domaines d'intervention ne manquent pas. Il n'est évidemment pas question qu'ils demandent des concours bancaires à cette fin.

Observation n° 16

En recouvrant notre souveraineté monétaire, c'est-à-dire en reprenant le contrôle de la Banque de France, nous pourrions remettre en vigueur le Franc et faire rembourser immédiatement la fraction exigible de notre dette par notre banque nationale. La loi monétaire nous y autorise.

Cette mesure serait combinée avec l'émission **mesurée** de monnaie permanente mise à la disposition de l'Etat - sur décision du parlement - pour financer la régulation monétaire et l'investissement public. Les dépenses de fonctionnement et l'amortissement des biens de l'Etat étant financés par les taxes et impôts.

Ainsi, la création de monnaie permanente à destination exclusive de l'Etat, rendue possible en Europe par la dénonciation ou renégociation des accords de Maastricht, mettrait fin à l'intervention des marchés financiers et des agences de notation sur une dette souveraine qui ne courrait plus aucun risque de défaut de paiement. Et pour cause, il n'y aurait plus de dette souveraine sur les marchés !

C - POLITIQUE MACRO(N)ÉCONOMIQUE

1 - Politique et démocratie

Le battage médiatique est tellement fort contre ce que l'on a désigné du nom de "populisme" qu'il convient de s'interroger sur ses fondements.

En fait, ce battage consiste à protéger ceux qui ont le pouvoir - et qui ne veulent surtout pas le lâcher - en utilisant un terme dont le sens est délibérément biaisé pour le présenter comme une menace pour la démocratie. Certains journalistes et économistes ont parlé de démocrature pour désigner ce vers quoi le populisme nous dirige.

*La dictocratie (ou **démocrature**) désigne un régime qui, sous l'apparence d'une démocratie, fonctionne en réalité comme une dictature (Source : toupie.org).*

Ou encore :

La démocrature, dictature camouflée, démocratie truquée (Source : Max Liniger-Goumaz 1992)

Il faudrait quand même nous dire comment qualifier l'exercice du pouvoir par un homme élu démocratiquement, mais qui agit à sa guise (même contre l'intérêt public) après avoir renié toutes ses promesses de campagne ?

Quand les médias n'exercent plus leur contre-pouvoir puisqu'ils sont à la solde du gouvernement, à quelques rares exceptions près. Quand la justice est politisée - cf. Le mur des cons - et qu'elle ne juge plus sereinement les délits politiques. Tous les ingrédients de la dictature démocratique sont en place.

Notre nouveau Président, qui semble suivre la même voie, a réussi un tour de force exceptionnel en mêlant droite et gauche en un seul parti, au prix de trahisons et de retournements de veste inédits. Chapeau l'artiste ! La seule opposition qui nous reste est celle des deux extrêmes : la France insoumise et le Front national.

Mais il est fort probable que le dicton "chasser le naturel il revient au galop" brise sans tarder ce mélange des partis de droite et de gauche.

Le populisme va prendre de l'ampleur et de la force au cours du nouveau quinquennat, car :

- le chômage va se poursuivre ou au mieux se stabiliser, le capitalisme s'accordant bien d'un marché de l'emploi où la demande est telle que les coûts de la main d'œuvre sont au plus bas,

- la gabegie financière de l'Etat ne présente aucun signe de ralentissement,

- malgré quelques menus bricolages pour séduire une partie de la population, l'impôt a atteint des limites de plus en plus insoutenables,

- avec pour conséquence une aggravation de l'endettement public.

De quoi donner du grain à moudre à la Commission bruxelloise.

La plupart des commentateurs attribue le populisme au rejet des élites et des dirigeants par le peuple mécontent de son sort quand l'occasion lui en est donnée, c'est-à-dire lors des élections. Il a atteint son apogée avec la sortie de l'Angleterre de l'Union européenne (Brexit), l'élection du nouveau président américain Donald Trump aux USA et tout récemment le non au référendum italien sur la réforme constitutionnelle.

Lorsque le peuple ne vote pas dans le sens voulu par les élites, il s'agit de populisme. Pourtant c'est l'expression du plein exercice de la démocratie, car le peuple par la voie des urnes - seule voie légale à sa disposition - rejette ceux qui gouvernent et qui en même temps n'ont que mépris pour lui.

Il faut d'autant plus s'en réjouir que la fureur de nos dirigeants est à la hauteur de leur crainte de perdre le pouvoir, un pouvoir exercé trop souvent contre l'intérêt du peuple. Ce n'est que justice, dirons-nous.

"En 2016, le vote d'un Brexit en GB, l'élection de Donald Trump aux USA, ou l'éviction de Matteo Renzi en Italie sont des manifestations de ce populisme rampant partout dans le monde occidental." nous dit fin 2016 JM Sylvestre qui défend l'ordre établi, c'est-à-dire le capitalisme rampant.

Dès qu'il est question de changement, rien ne va plus.

A propos du Brexit

Quels sont ceux qui ont le plus à perdre ? Ce sont les technocrates de Bruxelles qui perdraient leurs positions dominantes, prébendes et autres avantages.

Et quels sont ceux qui ont le plus à y gagner ? Tous ceux qui veulent retrouver leur souveraineté taillée en pièces par des fonctionnaires usant et abusant de directives s'imposant dans n'importe quel secteur d'activité.

A propos de Donald Trump

Il est difficile de faire des pronostics avant quelques mois après sa prise de fonction. Cependant, si l'on s'en tient à ses déclarations d'intention, dont les principales :

a) Mettre la Fed sous la dépendance du Congrès, comme le souhaitent ses membres républicains.

Partant du principe que la première fonction régalienne de l'Etat est de "battre monnaie" afin de disposer du pouvoir pour diriger efficacement l'économie.

b) Rétablir le contrôle aux frontières des personnes (notamment l'immigration mexicaine) et des produits (surtout en provenance de Chine et d'Allemagne).

Ce qui mettrait un coup d'arrêt tonitruant à la globalisation des échanges et de ses dérives :

- sur l'emploi (chômage, baisse de pouvoir d'achat et conditions épouvantables de travail dans certains cas),

- sur l'équilibre de la balance commerciale qui est en déficit permanent depuis 1980 dont la somme atteint le chiffre pharamineux de plus de 10 trillions de dollars (Source : Economic Report of the President).

On commence d'ailleurs à s'interroger sur les vertus de la démondialisation et le retour au protectionnisme *intelligent*.

Avant même d'être investi dans sa nouvelle fonction, Donald Trump a réussi à obtenir de Ford qu'il abandonne son projet de construire une usine de production au Mexique. Ses ennemis parlent de coup de bluff, ce qui d'autant plus facile que c'est dans le style du personnage.

Sa politique protectionniste va faire des vagues dans le monde entier. Plus question de libre-échange.

c) Revoir en profondeur la géopolitique américaine, notamment en Europe :

- déstabilisation de l'OTAN en révisant la participation américain à son financement,

- mettre un terme à la guerre froide avec la Russie qui a été relancée par la CIA sous l'administration Obama en déployant l'OTAN à ses frontières européennes,

Le coup d'Etat en Ukraine en 2014, commandité par la CIA avec le concours discret des services secrets européens pour éliminer du pouvoir un homme (pro-russe), Viktor Ianoukovytch élu démocratiquement en 2010. L'objectif étant de s'allier le seul pays qui faisait encore obstacle à l'encerclement de la partie occidentale de la Russie par l'OTAN.

Bien que cela ne soit pas divulgué, l'Europe est *de facto* dirigée par les Etats-Unis puisque quasiment tous ses dirigeants - Bruxelles y compris - font partie du club Bilderberg (voir ci-après). La question est de savoir si Donald Trump va abandonner le soutien qu'apportait Barak Obama à ce club très fermé. Toute la politique Bruxelloise qui en dépendait serait alors remise en question.

Un homme qui a fait de la téléréalité est un homme qui aime jouer et paraître. Mais cet homme a bâti un empire, ce qui lui donne de solides connaissances sur la finance et l'industrie. Enfin, il est assez riche pour refuser les pots-de-vin dont nos gouvernants s'emplissent les poches gaillardement, ce qui peut être déterminant s'il est animé de la volonté de réformer le pays tout en le vidant de ses tentations hégémoniques.

2 - Nos dirigeants et les sociétés secrètes

Il faut savoir avant toute chose qui nous gouverne ?

On sait depuis longtemps que ce sont les énarques qui nous dirigent, mais qu'ont-ils en commun ? Hormis l'Ecole Nationale d'Administration (ENA) qui forme la plupart de nos dirigeants.

Ils ont en commun d'appartenir, quasiment tous, à l'une ou l'autre des sociétés secrètes :

- le **groupe ou club de Bilderberg** *est un groupe discret, presque secret, qui a été fondé en 1954 à l'Hôtel Bilderberg à Osterbeek à l'invitation du Prince Bernhard des Pays-Bas, ancien Nazi, co-fondateur du Groupe avec David Rockefeller. Ce « club » est sans doute le plus puissant des réseaux d'influence. Il rassemble des personnalités de tous les pays, leaders de la politique, de l'économie, de la finance, des médias, des responsables de l'armée ou des services secrets, ainsi que quelques scientifiques et universitaires. C'est un véritable gouvernement mondial occulte* (Médiapart, décembre 2015).

- le **Siècle qui** est une filiale (française) du club de **Bilderberg,**

- la **French American Foundation** (FAF) dont le programme est connu sous le nom de "Nouvel Ordre Mondial" ; la FAF est une filiale du Council on Foreign Relations (CFR),

- la **Commission Trilatérale,** *(parfois abrégée en Trilatérale) est une organisation privée qui fut créée en 1973 à l'initiative des principaux dirigeants du groupe Bilderberg et du Council on Foreign Relations, parmi lesquels David Rockefeller, Henry Kissinger et Zbigniew Brzezinski. Regroupant 300 à*

400 personnalités parmi les plus remarquées et influentes – hommes d'affaires, hommes politiques, décideurs, « intellectuels » – de l'Europe occidentale, de l'Amérique du Nord et de l'Asie du Pacifique, son but est de **promouvoir et construire une coopération politique et économique entre ces trois zones clés du monde, pôles de la Triade.**

La Trilatérale publie des études (la revue The Triangle Papers) réalisées par des Task Forces (groupe de travail réunissant des personnalités de premier plan, généralement d'au moins trois zones régionales) **et qui, une fois transmises à leurs membres et aux gouvernants, ont des répercussions internationales majeures en politique étrangère, qu'il s'agisse d'économie ou de géopolitique** *(communication, énergie, démographie, grands équilibres, etc.).*

À l'instar du groupe Bilderberg, il s'agit d'un groupe partisan de la doctrine mondialiste, auquel certains attribuent, au moins en partie, l'orchestration de la mondialisation économique (source : Wikipédia).

Ainsi se dessine la trame d'un pouvoir diffus, opaque, presque insaisissable, qui tisse ses liens à travers des clubs fermés et des rencontres internationales dont le forum de Davos représente l'expression la plus ostentatoire. Dans ces lieux de rencontres, d'échanges, de tractations gravitent les mêmes protagonistes, s'élaborent les analyses et les compromis qui précèdent souvent les grandes décisions. La COMMISSION TRILATÉRALE est une des pièces de cet échiquier polymorphe. Elle consolide l'alliance entre le pouvoir des multinationales, de la finance et de la politique, grâce à un réseau d'influences dont les ramifications s'étendent aux principaux secteurs de la société (source : Pouvoirs opaques de la Trilatérale par Olivier Boiral, Professeur à l'Université Laval au Canada).

Elles ont donc pour racine commune le club Bilderberg et le Council on Foreign Relations ou CFR (*think tank non partisan américain, ayant pour but d'analyser la politique étrangère des États-Unis et la situation politique mondiale (source : Wikipedia).*

Cette adhésion de nos gouvernants implique donc une soumission à la ligne politique des Etats-Unis.

Et ce n'est pas ce que nous raconte Nicolas Baverez (Bilderberg), quand il dit : *« Contrairement aux fantasmes, aucune décision n'y est prise. En fait, on est là pour travailler. »* qui va nous convaincre que ce club, ses filiales et autres n'ont pas d'objectif précis en dehors des échanges d'idées (bavardages de salon).

Par ailleurs, des fuites en provenance d'anciens membres précisent que les déclarations officielles suivant les réunions n'ont rien à voir avec les débats effectivement tenus en séance.

Un document digne d'intérêt, et nous semble-t-il de bonne foi, est donné par le site *lepouvoirmondial.com/media.pdf.* Il s'appelle « Qui gouverne la France ? »

Il nous apprend que les personnalités politiques de premier rang et ceux qui nous dirigent, les banquiers qui détiennent le pouvoir sur la monnaie, les journalistes qui nous enfument, sans oublier quelques syndicalistes, il nous apprend donc que tous sont membres de l'une et/ou l'autre des sociétés secrètes citées au-dessus.

Il nous dit que :

La French American Foundation a réussi à placer cinq de ses membres dans le gouvernement Hollande, et Hollande lui-même à la présidence de la République. Joli coup !

*Le club Bilderberg a maintenant deux yeux au sein du gouvernement, dont **Manuel Valls,** le ministre de l'Intérieur (à l'époque).*

Plusieurs des membres du Siècle sont, comme Valls et Jospin, également membres du club de Bilderberg. Ce sont ceux-là qui auraient fait passer le message qu'il était nécessaire de pousser Hollande à la présidence, un Hollande plus docile aux suggestions du Bilderberg que Sarkozy, trop "électron libre" et trop proche d'Angela Merkel.

Or, le Bilderberg ne veut pas d'une cogestion franco-allemande de l'Europe, mais d'une cogestion américano-européenne de monde occidental. Sur ce point il rejoint l'objectif de la French American Foundation.

Le Siècle a aussi un objectif plus concret : placer le maximum de ses membres au gouvernement, peu importe qu'ils soient PS ou UMP. C'est la raison pour laquelle Sarkozy qui en est membre avait fait "l'ouverture" avec d'autres membres du club comme Attali.

En fait, les dirigeants énarques de l'UMP et du PS mènent le pays vers la même direction : l'intégration à un bloc euro-atlantique, à direction unique.

L'énarchie française s'est ralliée depuis longtemps au dogme du mondialisme.

Cependant, il est utile pour le système de maintenir une opposition artificielle entre UMP et PS alors qu'en fait, nous vivons dans le régime du parti unique.

En jouant l'alternance droite-gauche, on fait croire au peuple qu'il y a une autre politique possible.

*Le cas de **Nicolas Dupont-Aignan** est intéressant.*

Officiellement, il défend avec passion la souveraineté française mâtinée de gaullisme. En fait, c'est un leurre. Son appartenance à la FAF, depuis 2001, le prouve.

*Si Dupont-Aignan a été accepté au sein de la French American Foundation, cela signifie qu'il a dû présenter obligatoirement des gages prouvant sa bonne foi. On ne trompe pas facilement les élites mondialistes de la FAF. **Ce politicien est utile au système parce qu'il est un dérivatif.** Dans le cas de Dupont-Aignan, il s'agit de contrôler un mouvement en faveur de la cause nationale, défendue par le FN, pour ensuite arrondir les angles et empêcher que les "patriotes" puissent diffuser de véritables informations sur les origines du mondialisme.*

Ce pouvoir occulte n'hésite pas à ramener dans le rang ceux qui seraient tentés de prendre des décisions contraires à ses intérêts. Ainsi en est-il, pensons-nous, de la tentative du gouvernement Valls d'adopter un amendement anti-paradis fiscaux en décembre 2015.

Voici les commentaires de Christian Chavagneux qui lutte régulièrement contre la fraude fiscale :

Le gouvernement bloque en pleine nuit un outil anti-paradis fiscaux.

Mais qu'est-ce qu'il leur a pris ? Ce fut une nuit de folie à l'Assemblée nationale. A minuit, la France était dotée d'une arme anti-paradis fiscaux très attendue et qui recevait son deuxième vote parlementaire positif en 10 jours. A une heure trente du matin, le vote était annulé par une manœuvre indigne du gouvernement. Pour quel enjeu ?

On peut supposer qu'un haut dignitaire de l'une des sociétés secrètes a remonté les bretelles de nos gouvernants qui – dans un moment d'égarement – allaient porter un coup dur aux multinationales et par voie de conséquence au capitalisme mondial.

Ajoutons à propos de la Trilatérale ce que l'on relève sur Vigi-Infos :

- le 10 septembre 2012 :

La Commission Trilatérale réunit les magnats des Etats-Unis (Wall Street), de l'Europe (City de Londres) et du Japon (Tokyo Stock Echange), tous déjà membre de sociétés secrètes : le B'nai B'rith, le Bilderberg, le Concil on Foreign Relations (CFR), la Round Table, les Skull & Bones (Crâne et Os), le Club de Rome, le Bohemian Club et différentes loges maçonniques...

Les secteurs stratégiques des pays les plus riches de la planète sont ainsi "contrôlés" : Appareil d'Etat (Elysée, Matignon, Ministères, Conseils Régionaux, Conseils Généraux, Conseils Municipaux...), Appareil Militaire, Secteur Energétique (Pétrole, Nucléaire, Energie Libre), Médias (Presse Ecrite et Télévisuelle, Radio, Satellite, Internet, Edition), Secteur Bancaire (toutes les Banques, Paradis Fiscaux...), Secteur Immobilier, Syndicat....

- le 5 février 2014, un rappel historique :

Le Baron Edmond de Rothschild a déclaré au magazine *Entreprise* du 18 juillet 1970 : "*La structure qui doit sauter, c'est la Nation*".

En 1928, le Convent du Grand Orient de France affichait le même objectif : "*L'idée de Patrie, du moins telle qu'elle est comprise actuellement, doit être détruite dans l'esprit des enfants. Elle doit être modifiée complètement*" (source : Convent du Grand Orient de France, 1928, p 120).

Il est clair que les dirigeants français obéissent aux orientations du groupe Bilderberg et de ses filiales auxquels ils appartiennent en tant que membres après y avoir été « invités ». Car, il semble bien que l'invité soit intronisé à cette occasion.

La dépendance de notre pays envers les Etats-Unis et la banque Rothschild ne fait plus de doute après ce bref rappel de citations les plus marquantes.

Les tentacules du groupe Bilderberg s'étendent à la BCE et à la Commission européenne.

Depuis la création de la BCE, les Présidents ou Gouverneurs successifs nommés à sa tête sont :

- Wim Duisemberg (1er juin 1998 – 31 octobre 2003),

- Jean-Claude Trichet (1er novembre 2003 – 31 octobre 2011). Il a été nommé président européen de la Commission Trilatérale pour servir à travers le triennat 2013 à 2015,

- Mario Draghi (1er novembre 2012 pour un mandat de huit ans). L'Italien avait été critiqué sur son parcours et son passage chez Goldman Sachs entre 2002 et 2005, à une époque où la banque américaine aidait la Grèce à maquiller ses comptes (cf. Le Monde du 31/07/2012).

Le prochain gouverneur devrait être Jens Weidmann, actuel Président de la Buba. On ne sait pas s'il fait partie du groupe Bilderberg, mais on peut le supposer vigoureusement.

La recherche sur Internet nous apprend que :

- Angela Merkel a été invitée à la réunion du Bilderberg qui s'est tenue dans son pays en 2005, réunion au cours de laquelle elle a rencontré Henry Kissinger et David Rockfeller.

- En novembre 2009, la nomination d'Herman Van Rompuy à la présidence du Conseil Européen avait déclenché quelques réprobations à cause de ses relations avec le groupe de Bilderberg.

- Le 29 juin 2004, José Barroso est nommé Président de la Commission européenne. Il passe la main fin octobre 2014 à son successeur à la tête de la Commission européenne, Jean-Claude Juncker, qui entre en fonction le 3 novembre 2014.

Ajoutons que les membres de ces sociétés secrètes ne sont pas tous connus, loin s'en faut naturellement puisqu'elles sont secrètes. Ils sont les instigateurs, meneurs, organisateurs, Maîtres d'un capitalisme toujours plus universel, dominateur et même exterminateur faisant fi des notions d'Etat, de Patrie, de Nation et par là même des citoyens qu'ils sont censés défendre.

On ne s'étonnera donc pas de savoir qu'Emmanuel Macron, énarque, est passé par la banque Rothschild & Cie et d'apprendre qu'il a été adoubé par le groupe Bilderberg. « *Il apparait dans la liste des invités à la réunion du groupe Bilderberg de 2014 en sa qualité de secrétaire général adjoint de la présidence de la République* » nous dit Wikipedia.

Il est donc un fervent défenseur du capitalisme pur et dur.
On ne devrait pas tarder à le vérifier.

3 - Le capitalisme menace le monde d'esclavage économique

A l'heure actuelle, il n'existe quasiment plus d'entrepreneurs qui n'aient adopté la devise « faire du fric à tout prix ». Et les moyens de l'exercer n'ont jamais été aussi grands et ouverts que dans le monde des affaires par la mondialisation.

A commencer par le chômage, fléau de notre temps, soigneusement entretenu par nos dirigeants - champions de l'hypocrisie toutes catégories - qui font mine de vouloir le combattre, évidemment sans succès puisqu'il favorise l'offre sur le marché du travail. Ils se payent notre tête de manière éhontée et leur mépris est tel qu'il en est devenu transparent.

La compétitivité engendrée par le libre-échange est la mère de tous les sacrifices de ceux qui travaillent pour que les riches s'enrichissent toujours plus. On a vu dans quelles conditions inhumaines (rares cas dénoncés) certains pays, les USA y compris, traitent leurs employés.

Tous les moyens sont bons pour accroître les rendements des masses laborieuses et la semaine des 35 heures payées 39, loi votée par la socialiste Martine Aubry sous le gouvernement Jospin, a été dévastatrice. Elle a généré une machine de travail infernale pour les salariés : en 35 heures il a fallu travailler autant qu'en 39, et 17 ans plus tard rien n'a changé. Nos travailleurs suent le burnous pour le plus grand profit de nos employeurs !

Ainsi sait-on à qui profite le chômage.

Comme cela ne suffisait sans doute pas, la mécanisation et la robotisation combinées au rendement humain n'ont fait qu'ajouter aux profits des entreprises, principalement les multinationales à la recherche, d'un pays à l'autre, de la main d'œuvre à bon marché.

La Commission européenne, qui n'est jamais en retard d'une directive pour faire la part belle aux patrons, a pondu une directive sur les travailleurs détachés que Yves Thréard nous commente le 16 mars 2017 comme suit :

> *Depuis vingt ans, la France et ses voisins pestent contre une directive européenne qui encourage le dumping social. La directive Bolkestein, du nom d'un commissaire européen de l'époque, dite aussi du « travailleur détaché » : un salarié qui est envoyé par son employeur dans un autre État de l'Union pour y fournir un service temporaire relève du régime de son pays d'origine pour les charges sociales. En France, ils sont ainsi quelque 300 000, venus en majorité d'Europe centrale, à œuvrer dans le bâtiment, l'industrie et l'agriculture. Le système fausse la concurrence. Pire, il favorise les abus.*

Répétons-le, on ne s'étonnera pas de constater que les bénéfices distribués par les sociétés françaises sont passées de 6,3% du PIB en 1995 à 11% en 2015 avec un pic à 13,9% en 2008. Apparemment, cela ne leur suffit pas puisque le patronat demande de réduire les charges patronales trop lourdes pour être compétitif.

Et, ce n'est pas du baratin !

De plus, cette frénésie pour faire du fric à tout prix s'est étendue aux services publics, ce qui représente un tour de force. Comment faire du fric dans les services de l'Etat, demanderez-vous ?

En fait c'est très simple. Il s'agit de faire supporter le coût exorbitant des dépenses somptuaires de nos gouvernants et celui grandissant d'une ribambelle de copains placés dans une administration déjà pléthorique, sachant que l'on a atteint en quelques années - pour ne pas dire décennies - les seuils de résistance que sont les recours à l'impôt et à la dette. Cependant, ces seuils sont encore élastiques puisque l'on continue à tondre la laine qu'il nous reste sur le dos.

Le but étant d'enrichir les copains sur le dos de la valetaille. Ce qui a pour effet collatéral de creuser d'une autre manière l'écart entre les riches et les pauvres.

Pour y parvenir, il n'existe pas d'autre solution que de réduire partout où cela est encore possible les moyens en hommes et en matériels. Pour s'en convaincre, il suffit de voir dans quel état sont laissés, voire abandonnés, les services de police, de justice, pénitentiaires, de santé (hôpitaux), et les structures d'accueil des enfants (crèches, écoles,..), etc.

Citons à ce propos l'article du Figaro du 2 mai 2016, comme suit :

> *Le gouvernement multiplie les mesures visant à réduire les moyens des cliniques dans le cadre du plan d'économies de 3 milliards d'euros imposé au secteur hospitalier public et privé sur 3 ans (2015-2017). La dernière mesure la plus marquante est la limitation des bénéfices, instaurée par la loi santé promulguée en janvier 2016.*

On ne dit jamais pourquoi il faut faire des économies. Pour financer quelles dépenses ?

Enfin, on vend le patrimoine pour boucher les trous de fin de mois, pots de vin à la clé.

Les dirigeants d'entreprise sont les premiers agents engagés au service du capitalisme puisqu'ils ont pour première mission d'obtenir le rendement optimal des capitaux investis par les actionnaires.

C'est pourquoi leur rémunération est à la hauteur des bénéfices rapportés.

Ce ne sont plus les capitaines d'industrie d'autrefois mais les aventuriers modernes de l'industrie prêts à tout pour faire du fric.

Ainsi que nous l'avons titré, la jungle des affaires et le capitalisme sont le creuset des inégalités.

Disons en substance que l'économie est détournée de son objectif premier qui est le bien-être de tous par le capitalisme prédateur pour quelques-uns grâce à son emprise sur nos dirigeants et un système monétaire qui tient l'Etat et les citoyens par la dette.

4 - La monnaie par la dette, complète la menace de l'esclavage économique

Il nous paraît opportun de livrer à la réflexion du lecteur un texte que l'on prête au Major C.H.Douglas (1879 - 1952) :

La terre est peuplée de deux catégories d'humains,

L' Immense Majorité de ceux qui produisent toutes les richesses par leur travail,

Et l'Infime Minorité des banquiers qui produit tout l'argent par jeu d'écritures,

Pour consommer ce qu'elle produit l'Immense Majorité emprunte tout l'argent à l'Infime Minorité,

Mais l'Immense Majorité n'a pas compris un problème pourtant bien simple,

C'est que si on s'endette éternellement les taux d'intérêt s'accumulent éternellement et on se ruine,

C'est aussi bête que ça, au point que c'est pas croyable,

Et parce que c'est pas croyable la fête continue pour l'Infime Minorité,

A moins qu'un jour dans un éclair de lucidité l'IMMENSE Majorité,

Ne réalise que parce qu'elle produit toutes les richesses c'est à elle de produire tout l'argent par jeu d'écritures

Et une citation de John Adams : *"Il y a deux manière d'asservir une nation, l'une par les armes, l'autre par la dette".*

Nous avons distingué deux sortes de dettes, la dette publique et la dette privée que l'on ne peut traiter de la même façon car elles n'ont pas les mêmes effets sur l'économie.

> • Le financement qui concourt à la dette publique - répétons-le - devrait être assuré par la Banque centrale sans intérêt ni échéance de remboursement, afin de priver de ses intérêts les marchés et ses bénéficiaires : le capitalisme financier.

Le travail ne doit rien au capital, surtout quand il s'agit des besoins financiers publics puisque d'un trait de plume (comptable) la monnaie est créée.

Malheureusement, l'influence du capitalisme sur nos dirigeants a interdit le recours de l'Etat au financement par la Banque de France, chez nous, conformément au traité de Maastricht dont le peuple avait rejeté par référendum l'adoption. Nos dirigeants et nos représentants légaux ont trahi le peuple par une décision parlementaire prise en Congrès.

Comme nous l'avons dit au début de ce chapitre, nos dirigeants en Europe - y compris ceux de la Commission - sont tous membres **obligés** des sociétés secrètes.

> • Le financement qui concourt à la dette privée devrait être assuré par les banques de dépôt, en première ligne face aux agents non bancaires, mais dans le cadre de la réforme du système monétaire, c'est-à-dire en monnaie centrale - celle qui est émise par la Banque centrale et comprenant la séparation des activités de banques de dépôt et d'affaires.

Le taux d'intérêt devrait être fixé sur une durée d'un an et y serait inclus une prime pour couvrir le risque de défaut des ANB. Plus de taux variable, plus de spéculation sur les taux. Le risque de défaut de paiement de la dette permettrait d'y voir clair en distinguant les créances douteuses et irrécouvrables des ANB, des créances relatives à des opérations spéculatives hasardeuses (Subprimes, par exemple).

Actuellement, on ne sait pas si les faillites bancaires connues (Italie, Espagne, Portugal) ou cachées (Allemagne) sont dues à des créances ordinaires (ANB) ou à une mauvaise gestion financière de la banque, ou encore à des subprimes dissimulées. C'est l'Etat qui finira bien par payer l'addition quand tous les moyens légaux auront été épuisés.

On parle de se débarrasser de ces créances dans un *pot-pourri* appelé « structures de défaisance » (bad bank en anglais), avec la garantie de l'Etat naturellement.

5 - Opportunité exceptionnelle pour changer l'ordre monétaire établi

En dénonçant les fautes graves commises par les banques américaines impliquées dans le scandale des subprimes et en reprenant le contrôle de la Banque de France dans le but d'écarter les marchés du financement de l'Etat, on placerait un coin fatal dans le système capitaliste monétaire. Il faut pour cela dénoncer les accords de Maastricht, sans abandonner pour autant l'idée d'une union européenne mais en bâtissant l'Europe des Nations sur les cendres de ce magma informe qu'est devenue l'UE sous la férule des techniciens bruxellois.

Il s'agit avant tout de démontrer que la régulation monétaire - que seul l'Etat est apte à assumer - est le seul moyen de retrouver la croissance de notre activité de production. Pas n'importe comment, bien sûr. En choisissant l'axe de la direction que doivent prendre les entreprises, notamment vers la protection de l'environnement. Ce qui signifie surtout d'abandonner la politique libérale, qui n'est rien d'autre que laisser libre cours à la loi des marchés et au capitalisme sauvage.

POSTAMBULE

Notre modèle prend l'eau de toutes parts, aussi devient-il nécessaire de remodeler l'organisation actuelle de notre société dans de nombreux domaines et notamment ceux qui font l'objet de vives contestations, y compris de la part de nos élites.

Il en est ainsi de notre souveraineté monétaire qui est entre les mains de la BCE comme notre souveraineté économique entre les mains de Bruxelles, soit deux obstacles de taille à l'exercice légitime de la démocratie. Ces deux obstacles représentent à notre avis le fer de lance du capitalisme en Europe et il n'acceptera pas de céder sans se battre sur ces deux aspects de sa domination d'autant qu'il est protégé par les dogmes d'un autre âge que nous avons abondamment dénoncés - preuves à l'appui - comme étant néfastes et surtout faux : la théorie monétariste de l'inflation, la théorie du multiplicateur monétaire, la théorie selon laquelle les banques prêtent l'épargne de leurs déposants ce qui a pour effet de rendre caduque la théorie de l'égalité de l'épargne et de l'investissement.

Si l'on veut diriger le pays, lutter efficacement contre le chômage et la misère ainsi que contre les inégalités, dynamiser notre économie nationale, la condition *sine qua non* veut que l'Etat reprenne le privilège de battre monnaie, c'est-à-dire reprenne chez nous le contrôle de la Banque de France.

C'est avant tout un impératif de technique économique propre à chaque pays.

Il n'est pas dans nos propos de fermer nos frontières dans un environnement de libre-échange ouvert sur le monde et il n'est pas non plus dans nos propos de rejeter purement et simplement les traités de l'Union européenne. Il y a toujours d'autres alternatives au tout ou rien. Il s'agit seulement de pratiquer un protectionnisme intelligent et de refonder le traité de Maastricht - qui nous a été imposé après avoir été rejeté par référendum - afin que notre pays et tous ceux de la zone retrouvent leur souveraineté et puisse exercer la démocratie sans aucune entrave.

Il est évident que de nombreuses questions qui se posent aux nations européennes peuvent faire l'objet d'une entente globale par traité, c'est le cas nous semble-t-il dans les domaines de la défense, de l'environnement, des affaires étrangères, par exemple, mais à conditions que les mesures prises soient ratifiées par les assemblées nationales et non pas par des délégations ministérielles comme c'est le cas présentement.

Mais pour l'essentiel, des accords de partenariat devraient se régler directement de pays à pays, y compris même à l'intérieur de l'Europe.

Si l'on veut véritablement lutter efficacement contre le chômage et la misère, dans tous les domaines d'activité, le maître mot doit être :

RÉGULATION

Ce qui est en opposition fondamentale avec le libre-échange où règne la loi des *marchés* et du *capitalisme* rampant.

Car, pour réguler il faut négocier.

La priorité des priorités, sans laquelle rien ne se peut, est de trouver un gouvernement qui comprendrait que l'intérêt du pays et le sien peuvent très bien se concilier harmonieusement. Il faut du courage pour affronter et bousculer l'ordre établi. C'est celui-là qu'il nous faut pour mettre en œuvre le modèle de gouvernance que nous allons présenter en guise de conclusion des pages précédentes.

On l'a dit et redit, le gouvernement doit reprendre d'urgence le contrôle de la Banque centrale et l'argument qui consiste à dire que c'est la porte ouverte à la gabegie monétaire ne tient pas si l'on prend parallèlement des mesures législatives appropriées. Il faut mettre nos dirigeants devant leurs responsabilités et ils ont horreur de ça.

1 - Régulation monétaire de l'activité de production

On a vu que la croissance dépend de la régulation monétaire de la sphère réelle que seul l'Etat est en mesure d'opérer.

Rappelons que le PIB, mesure de la richesse nationale, est en croissance si le concours à l'endettement (crédit) est supérieur à l'épargne monétaire au cours de la période considérée.

Rappelons également que nous sommes dans une économie qui vit exclusivement de monnaie issue de la dette, ce qui signifie que l'on vit dans un système de **cavalerie monétaire obligée** où l'endettement doit continuellement se renouveler pour compenser ses remboursements, si l'on veut que la croissance se poursuive, à niveau d'épargne bancaire constant.

En pratiquant la régulation monétaire de la sphère réelle, il suffit par exemple de faire en sorte que l'appel au crédit dépasse l'accroissement de la masse de l'épargne bancaire à hauteur de 4% du PIB pour obtenir la croissance tant désirée et de contenir le taux d'inflation qui ne peut manquer de grimper avec l'afflux de monnaie. Le résultat est d'ordre mécanique dans ce système de cavalerie monétaire obligée.

Cette régulation est d'autant plus urgente que notre économie est en panne de croissance et entre dangereusement en période de déflation. Il ne faut pas trop se fier aux statistiques qui passent par le filtre gouvernemental avant leur publication.

L'introduction de la monnaie permanente dans les circuits devrait faciliter la régulation monétaire de la sphère réelle, même si elle la rend plus complexe (voir ci-après).

2 - Régulation de l'activité de production par l'investissement public

Tout le monde s'accorde à dire que l'investissement est un facteur de relance de l'économie (croissance du PIB), et par conséquent un moyen de lutte contre le chômage. Comme les entreprises n'investissent qu'en période de forte demande, il n'y a que l'Etat qui peut intervenir dans ce domaine en période de stagnation ou de récession.

Malheureusement, l'investissement public disparaît dans les dépenses courantes de l'Etat - sans en être isolé - et apparaît alors en déficit public. Il est dès lors pratiquement ligoté par les textes de Maastricht. Ce carcan doit sauter et vite, car il est vital que l'Etat décide librement du niveau de son investissement chaque fois que la machine économique est en perte de vitesse comme c'est le cas actuellement.

C'est la régulation de l'activité de production, donc de la croissance, par l'investissement public.

Cette mesure se combine avec la régulation monétaire visée au-dessus puisqu'il n'y a pas de nouvel investissement sans un accroissement de la dette.

Supposons que l'Etat décide de doubler immédiatement l'investissement public - enfermé dans le calcul du déficit public par Maastricht - le PIB subirait aussitôt une hausse d'environ 3,5% du PIB (base 2015). Alors qu'attend-on pour saisir cette bouée de sauvetage ? Et les secteurs qui nécessitent de l'investissement ne manquent pas !

Tous ceux qui ont une influence politique dans notre pays - gouvernants, médias, élites - disent à l'unisson que la dette a dépassé les limites soutenables (bien que non scientifiquement reconnues) et craignent que les *marchés* - encore eux - ne continuent plus longtemps à prêter à des taux d'intérêt exceptionnellement bas.

Les instances européennes commencent elles-mêmes à redouter que les rigueurs imposées par Bruxelles, appuyées par Angela Merkel et son ministre des finances, n'entraînent de violentes manifestations dans les pays du Sud (Espagne, Italie, Portugal) qui se sentent menacés de sanctions comme celles que connaît la Grèce.

Qu'à cela ne tienne, la solution la plus simple est d'autoriser - chez nous - la Banque de France à émettre de la monnaie permanente (sans intérêt ni échéance de remboursement) directement en faveur du Trésor Public ; les *marchés* ne sont plus sollicités et le pays fait l'économie des intérêts (43 milliards d'euros environ par an), ce qui n'est pas rien à une époque où on racle les fonds de tiroir pour faire les fins de mois.

La monnaie permanente mettrait un terme rapide à la *cavalerie monétaire obligée* citée au-dessus ; l'Etat disposerait alors de moyens souples et flexibles pour opérer la régulation monétaire en jouant sur le niveau d'endettement, à la hausse ou à la baisse selon les tendances de fond.

3 - Régulation des échanges commerciaux avec l'extérieur

Pour neutraliser les effets des déséquilibres commerciaux à travers le monde, il est vital de mettre un terme à la guerre commerciale qui sévit partout au profit des riches et au détriment des pauvres. La compétitivité engendrée par le libre-échange est la mère de tous les sacrifices de ceux qui travaillent pour que les riches s'enrichissent toujours plus. On doit absolument cesser de faire de l'exportation la panacée et de s'engager sur le terrain de la compétitivité dans un monde où les échanges planétaires sont par définition égaux à zéro.

Cette lutte pour avoir le coût du moins-disant salarial à travers la planète doit cesser.

Les échanges commerciaux doivent être très proches de l'équilibre annuel : export = import ; c'est l'objectif à atteindre.

Dans cette perspective, les partenaires commerciaux doivent s'entendre sur les produits qu'ils peuvent échanger, en donnant la priorité à ceux qui favorisent l'emploi et la main d'œuvre chez eux. Cela ne veut pas dire qu'il faille restreindre le volume des échanges, mais au contraire combler par leur développement les monts et vallées des excédents et déficits.

Dans cet objectif, il nous paraît souhaitable que les partenaires s'entendent pour localiser leurs productions respectives de manière à répartir équitablement l'emploi du personnel selon le lieu de consommation.

On y voit l'avantage d'éviter :

- la taxation des produits venant de pays où les charges sociales sont faibles,

- l'instauration de droits de douane et/ou de quotas limités à certains produits.

Les solutions ne manquent pas, encore faut-il avoir la volonté politique de les appliquer.

Il s'agit donc en définitive de pratiquer une régulation intelligente et partagée des échanges entre partenaires attachés à leurs intérêts communs bien compris.

4 - Régulation des revenus par le contrôle des prix

Quand on parle de richesse nationale, on ne voit que la consommation et l'investissement qui forment le PIB. Mais, on en oublie totalement que la richesse nationale va directement ou indirectement dans les poches des agents économiques, parce que le PIB est aussi et surtout le Revenu National. Ici, c'est le silence radio.

Et, quand on parle de répartition de revenus entre les acteurs économiques, on ne conçoit qu'une seule forme de répartition : celle que peut exercer l'Etat avec les moyens du bord, c'est-à-dire avec ses ressources fiscales.

Le PIB est calculé au prix du *marché*. Ce sont donc les prix qui font le PIB et comme le PIB est égal au Revenu National (RN), ce sont les prix qui font les revenus.

Comme nous l'avons démontré à propos de la théorie monétariste de l'inflation :

*Dans nos sociétés modernes, **la vraie cause** de la hausse des prix se trouve plus simplement dans **le comportement des entrepreneurs** n'hésitant pas à modifier, qui les tarifs, qui les pancartes, qui les* *étiquettes **pour faire leur profit et améliorer leur pouvoir d'achat**.*

Ce sont donc bien les entrepreneurs qui fixent les prix et comme ils connaissent leur métier, ils savent jusqu'où ils peuvent aller pour faire le profit maximum, y compris comment détourner les règles de la concurrence si nécessaire pour les plus puissants.

Les dirigeants d'entreprise sont au service du capitalisme puisqu'ils ont pour première mission d'obtenir le rendement optimal des capitaux investis par les actionnaires.

Faire du fric est devenu le slogan à la mode pour le malheur des plus démunis. Il est urgent d'y mettre fin ou au moins d'en stopper le mouvement qui prend des allures de tsunami.

En pesant sur le niveau des prix, on réduit les marges et avec elles les profits de l'entreprise et la rémunération du dirigeant. C'est aussi simple que ça.

Le contrôle des prix s'impose donc comme une solution à la réduction des écarts entre les hauts et les bas revenus. Il devrait s'exercer de préférence sur les produits de grande consommation, ceux qui font partie des besoins vitaux de la population prise dans son ensemble. Les produits de luxe ne seraient évidemment pas touchés par ces mesures.

Dans cette perspective, les premiers concernés sont ceux de l'industrie pharmaceutique. Les outils sont déjà en place puisque le prix des médicaments est fixé par convention entre l'entreprise et le Comité économique des produits de santé (CEPS). Encore faudrait-il que le ministère de la santé ne se laisse pas acheter par ce puissant lobby. Les économies peuvent se chiffrer en centaines de millions d'euros, sinon en milliards, si l'on en juge par les bénéfices engrangés par ces entreprises. Avec un avantage collatéral non négligeable pour la Sécu.

La régulation par le contrôle des prix sur notre territoire aurait l'avantage de frapper avec la même rigueur les entreprises nationales ou étrangères.

C'est à la source qu'il faut s'attaquer si l'on veut réduire les inégalités dont tout le monde se plaint, que ce soit à droite ou à gauche.

5 - Régulation des prix par l'interdiction de certaines pratiques spéculatives

La spéculation qui nous intéresse ici est celle qui a des effets à la hausse, et seulement à la hausse, sur le prix des produits de consommation courante. Sont visés au premier chef les produits alimentaires qui enrichissent abondamment les spéculateurs qui en profitent pour faire entrer sur notre territoire des produits en provenance de pays situés aux antipodes, venant en concurrence avec ceux de notre terroir dont les prix s'effondrent au grand désespoir de nos agriculteurs.

Ils jouent avec les marchés qu'ils commandent.

Comment peut-on accepter par exemple que le prix du lait soit aligné sur celui de la Nouvelle-Zélande ?

Cette spéculation doit être **strictement interdite**. Elle pourrait même être exercée par l'Etat, assez puissant pour l'imposer au bénéfice de tous et non plus de quelques-uns en mode privé.

6 - Réglementation financière

S'il est un domaine où la réglementation est difficile, voire impossible, à mettre en place c'est bien celle des banques.

A la suite de la crise systémique de 2007/2008 dite des subprimes, des accords dits prudentiels - qui n'ont rien vu arriver - existaient déjà sous le nom de Bâle 1 (1988). Ils ont été repris successivement en Bâle II, Bâle 2,5 puis en définitive Bâle III, entrée en vigueur en 2010 pour une mise en service en 2019 après ajustements en 2016.

Attendre 9 ans pour l'application relève bien de la manie prudentielle ! C'est aussi le délai pendant lequel les banques ne voulant absolument pas être gênés dans leurs opérations de casino, vont tenter - avec succès, n'en doutons pas - soit en repousser l'échéance soit enterrer la réforme Bâle III.

En cas de faillite d'une banque, les dépôts à vue (DAV) et à terme (DAT) sont protégés en France par le Fonds de Garantie des Dépôts et de Résolution (FGDR), sous *certaines conditions* selon la nature des dépôts.

Comme on n'est jamais trop prudent, nous pensons qu'il est urgent de séparer les activités bancaires, c'est-à-dire séparer les banques de dépôts des banques d'affaires. On a présenté deux options pour la réforme du système monétaire national, la première libérale, la seconde administrée.

La plus sûre nous paraît être la seconde, inspirée de celle que les Suisses appellent "Initiative Monnaie Pleine" dont les modalités d'application ont été décrites au chapitre B7. Une seule monnaie celle émise par la Banque centrale, chez nous la Banque de France.

7 - Proposition de lutte massive contre le chômage

A chômage de masse, solutions radicales et électrochoc.

Bref rappel historique sur le rôle de la femme au foyer.

Dans les années 1950, les femmes se mariaient, avaient des enfants et géraient les problèmes domestiques tandis que le mari travaillait **seul** pour faire vivre la famille grâce à son salaire. Les meilleures conditions d'existence étaient réunies. C'était l'époque faste des trente glorieuses.

Puis vers la fin des années 1960, la condition féminine a évoluée, vraisemblablement, avec la présence de plus en plus de femmes au travail depuis le début de la décennie pour faire face à une croissance économique exceptionnelle. C'était la deuxième moitié des trente glorieuses.

Aujourd'hui, le foyer familial ne peut plus vivre avec un seul salaire. Malgré le progrès, les conditions d'existence n'ont jamais été aussi dures. Pourquoi faut-il aujourd'hui dans un foyer deux salaires pour vivre moins bien qu'autrefois avec un seul salaire ?

La mécanisation, qui aurait dû améliorer le sort de chacun pour le bien-être de tous, a été détournée de son but, vraisemblablement par le capitalisme. Comment pourrait-il en être autrement ?

Nous appuyant sur cette idée, nous suggérons quelques orientations politico-économiques :

Selon les dernières données de l'Insee, le nombre d'hommes et de femmes au chômage (au sens du BIT) est à peu près comparable. Nous aurions environ 2,5 millions de femmes au chômage (catégories A à D) dont nous ne connaissons pas la part de celles qui ont un ou plusieurs enfants à élever, objet de notre proposition.

A l'heure actuelle, beaucoup de femmes en sont réduites à travailler pour des raisons financières car la paie de leur époux est insuffisante à elle seule pour subvenir aux besoins essentiels de la famille, surtout dès que le premier enfant apparaît. Sans parler des conditions de travail auxquelles elles sont exposées quand l'époux n'est pas disponible (récupération à la crèche, chez la nounou, à l'école, etc.). Il est aussi fort probable que les enfants, n'étant plus surveillés par leurs parents, traînent dans les rues avec ce que cela suppose comme fréquentations bonnes ou mauvaises.

Voici donc notre proposition, étant précisé que nous ne cherchons nullement à rétablir les inégalités homme-femme d'un autre âge, mais donner à la femme - qui a des enfants - sa liberté de choix entre l'éducation de ses enfants au foyer et l'accumulation de ses tâches éducatives avec celles de sa profession. Nous avons choisi la femme car c'est sur ses épaules que repose le plus souvent la charge des enfants en bas-âge.

Il s'agirait alors de verser un salaire éducatif aménagé par des allocations familiales, soit à la femme, soit au mari, selon le choix du couple. Ce salaire basé sur le salaire minimum mensuel serait versé par l'Etat. Il serait accompagné d'une formation continue dans tel ou tel domaine d'activité selon le choix de l'un ou de l'autre.

Nous y voyons l'avantage de soulager le marché du travail en faveur des salariés qui sont de plus en plus traités comme des esclaves à la solde d'employeurs - pas forcément cupides - qui profitent, bon gré, mal gré, de la loi du marché dans un univers économique à la recherche du rendement maximum pour faire face à la concurrence et si possible sauver leur peau. On en est là !

Il s'agirait donc d'une nouvelle politique familiale qui serait financée par :

- une croissance dont l'objectif serait fixé entre 2 et 4%, hors inflation, grâce aux mesures suggérés en matière de régulation monétaire et d'investissement public,

- la fin de la gabegie administrative due à un copinage de masse intolérable,

- la suppression des avantages financiers inadmissibles accordés aux étrangers en situation irrégulière, mesure ne concernant pas les *migrants* en provenance de pays reconnus comme dangereux pour leur vie,

- les économies faites sur les indemnités de chômage.

A la recherche d'un nouveau paradigme, il n'est de fatalité que de phénomènes naturels, pas d'événements qui sont le fruit de l'organisation humaine.

BIOGRAPHIE

Autodidacte, aujourd'hui retraité, Jean Bayard a achevé sa carrière professionnelle dans une multinationale en qualité de directeur des études financières.

Chercheur indépendant depuis plus de 35 ans, il s'est servi presque essentiellement de ses connaissances professionnelles en matière de comptabilité et de finance. A l'origine de ses travaux (1980) la création de toutes pièces d'une comptabilité nationale débouchant sur la découverte d'une loi macroéconomique qui commande l'allure de marche de toute activité nationale. Il a consacré les premières années qui ont suivi, à la mise au point et à la vérification de cette loi.

Elle démontre avec précision que la sphère de l'activité de production connaît l'expansion ou la récession selon qu'elle est alimentée plus ou moins en monnaie, car dans la dynamique économique l'épargne joue le rôle du frein et le crédit celui de l'accélérateur. La précision dépend de la mesure de ces deux facteurs et ils sont mesurables.

L'activité nationale fonctionne à peu près comme le moteur d'un engin mécanique. Elle tourne plus ou moins vite selon qu'elle est alimentée plus ou moins en carburant, c'est-à-dire en monnaie.

L'application généralisée de cette loi devrait bouleverser les grands équilibres et ouvrir une ère nouvelle d'essor économique durable et de prospérité humaine.

Il s'ensuit que la croissance peut s'organiser. Tout simplement parce que l'activité nationale est faite de la somme de toutes les activités de production. Et comme chaque activité de production est elle-même financée, la somme des financements de toutes ces activités représente le financement de l'économie nationale. Si le système est aujourd'hui désordonné, c'est qu'il n'est pas organisé.

La conjoncture n'est rien d'autre qu'une économie libérale livrée à l'influence désordonnée, parce non régulée, des facteurs endogènes opposés que sont l'épargne et le crédit. L'épargne dans le rôle du frein et le crédit dans celui de l'accélérateur.

Dans son bulletin du premier trimestre 2014, la Banque d'Angleterre précise notamment que *"Contrairement à ce que l'on apprend dans les manuels scolaires, les banques ne prêtent pas les dépôts qu'elles reçoivent de leurs clients"* ce qui veut dire que les dépôts à terme ne circulent pas et occupent ce nous avons appelé des *parkings monétaires*. Il s'ensuit que **l'épargne freine** l'activité nationale puisqu'elle ne circule pas.

Dans le titre de l'ouvrage, la lettre (n) a été glissée entre macro *et* économique afin d'attirer l'attention de notre Président sur les nombreuses solutions alternatives dont il pourrait disposer :

- s'il avait la volonté de lutter contre l'influence grandissante du capitalisme qui nous prive des moyens nécessaires au redressement de l'économie de notre pays,

- s'il cherchait à améliorer le pouvoir d'achat des masses laborieuses (relance par la demande),

- s'il voulait bien faire l'honneur d'examiner attentivement les solutions proposées ici-même en vue de réduire le chômage et la pauvreté qui s'étendent inexorablement.

S'il est vrai que les passages techniques peuvent rendre difficile la lecture de l'ouvrage, c'est nous semble-t-il le seul moyen d'ébranler le **SYSTÈME** qui tient surtout par le verbe.

MENTIONS LÉGALES

Ce livre est protégé par les lois en vigueur sur les droits d'auteur et la propriété intellectuelle. Toute reproduction, diffusion ou modification, partielle ou totale, de cet ouvrage par quelque procédé que ce soit, connu (photocopie, photographie, fichier informatique, etc.) ou à venir, est strictement interdite sans l'accord écrit et préalable de son auteur, Jean Bayard. Cela constituerait une contrefaçon sanctionnée par les articles L335-2 et suivants du Code de la propriété intellectuelle.

Droits d'auteur © Jean Bayard 2017

Ce texte est édité par Jean Bayard, 37 avenue des Grottes, 74500 Évian-les-Bains, France.

ISBN 978-1370115280 (SMASHWORDS)

ISBN 978-1975989064 (PAPIER)

E-mail : jml.bayard@hotmail.com

Dépôt légal : septembre 2017

Livre formaté par les Éditions Destination Futur :

www.editions-destination-futur.fr

Imprimé par CreateSpace

Impression à la demande

Dépôt légal : septembre 2017

www.ingramcontent.com/pod-product-compliance
Lightning Source LLC
Chambersburg PA
CBHW070758240726
48654CB00007B/123